衝撃相姦告白 母との肉悦に溺れた夜
素人投稿編集部

E N T S

C O N T

〈第三章〉血の繋がった者同士の許されざる肉交

〈第四章〉禁忌の愛情と肉悦に囚われる母子の姿

※本書に掲載した投稿には、読みやすさを優先して、編集部でリライトしている部分もあります。なお、投稿者・登場人物はすべて仮名です。

〈第一章〉

息子の若い肉体に欲情する罪深き熟母

実子の彼女が年上バツイチ熟女と知り激しい嫉妬にかられる四十路未亡人！

菅原民子　保険外交員　四十八歳

私には敬一《けいいち》という一人息子がおり、彼が小学三年のときに夫と死別してからは女手ひとつで大切に育ててきました。

そのせいか、子どもの時分からとても甘えん坊で、いつも私にまとわりついていたのですが、高校生のときだったでしょうか。

私の下着を洗濯機の中から盗んでいたと知ったときは、このままではいけないと思い、親離れ子離れするよう、わざと距離を取って接してきました。

その後はなんの問題もなく、高校卒業後に社会人となり、逞しく成長していく姿に目を細めていたんです。

ところが二年前の夏、敬一が二十三歳のとき、街中で一人の女性と手をつないで歩く姿を目撃してしまい、激しく動揺しました。

その人は、見るからに年上で、敬一が帰宅してからさりげなく聞き出すと、年齢は三十五歳でバツイチ、しかも子持ちだというではありませんか。

彼女は仕事先のパート女性らしく、真剣交際をしており、結婚も考えているとのこと。私はとたんに頭に血が昇り、「別れなさい!」と怒鳴ってしまいました。

愛する息子をたぶらかすなんて、許せないという気持ちがあったのだと思います。

敬一はむくれてしまい、一週間ほど冷戦状態が続いたあと、酔っぱらって帰ってきて「家を出る」と宣言したんです。

あのときのショックは、いまだに忘れられません。

「家を出て、どうするの?」

「もちろん、彼女といっしょに住むよ」

「バカなこと言わないで。あなたはまだ二十三歳、これから女性と知り合う機会はいくらでもあるのよ。一回りも年上でバツイチ、そのうえ子持ちの人とつきあう必要なんてないじゃない」

「俺は、彼女のことを愛してるんだ! いくら説得したところで、むだだよ。もう決めたんだから」

捨てゼリフを吐いてリビングをあとにする息子の姿を見たとたん、私の中で何かが壊れました。

不幸な未来が何度も頭をかすめ、いてもたってもいられなくなったんです。

とにかく、冷静に話し合わなければ……。

そう考えた私は、すぐさま敬一の部屋に向かい、扉をノックしました。

「敬一……ちょっといい?」

いくら呼びかけても返事はなく、扉をそっと開けると、照明はつけっぱなし。着の身着のままの格好でベッドに横たわり、軽い寝息が聞こえてきました。

忍び足で近づき、敬一の愛くるしい顔を目にした瞬間、過去の思い出が走馬燈《そうまとう》のようによみがえりました。

お腹を痛めて産み、赤ん坊のころからこの子のすべてを知っているのは私だけなのです。

敬一のいない世界なんて、とても考えられません。

あんな女に奪われてなるものか。

嫉妬《しっと》に駆られた私は、ベッドに腰かけて胸元をなでさすりました。

敬一は熟睡しているのか、目を覚ましません。

なにげなく股間に目を向けると、ハーフパンツの中心がこんもり盛り上がっていて、胸がドキドキしました。

認めたくはなかったのですが、あの女とはすでに肉体関係があるのではないか。

いいえ、結婚まで考えているのですから、プラトニックのはずがありません。

婚姻歴のある三十半ばの女性に誘惑されたら、二十歳そこそこの青年なんて赤子の手をひねるようなものでしょう。

性的な好奇心から夢中になっているだけで、二人の関係は単なる性愛であり、いつかは気持ちが覚めるはず。

そう考えたものの、不安の影を振り払うことはできず、一刻も早く敬一を取り戻したいという思いに衝《つ》き動かされました。

そしてこのとき、彼が私の下着を盗んでいた出来事を思い出したんです。

息子はまちがいなく、私に対して異性を意識していたはずです。

胸が重く締めつけられ、葛藤《かっとう》はしたものの、女の顔が頭に浮かぶと、迷いは一瞬にして吹き飛びました。

意を決した私は、震える手を敬一の股間に伸ばしたんです。

柔らかいふくらみをなでさすった瞬間、子宮の奥がキュンとひりつき、胸が妖しくざわつきました。

しばらくいじり回していると、ムクムクと大きくなり、あっという間に勃起してしまったんです。

「あぁ……すごいわ。こんなにコチコチになって」

私のあそこもムズムズしだし、無意識のうちに腰がくねっていました。

熱いうるみが膣奥からわき出し、乳首も硬くしこりました。

正常な思考回路がショートしてしまい、喉をコクンと鳴らした私は、ハーフパンツを下着ごとおろしました。

ビンと跳ね上がったおチ○チンの逞しさは、いまでもはっきり覚えています。

パンパンに張りつめた亀頭、エラの突き出たカリ首、ぷっくり膨れた血管と、子どものころのかわいいおチ○チンとは比較にならないほど成長していました。

「あぁ……いや」

このとき、体の芯が燃えるように熱くなり、理性やモラルが弾け飛びました。

私は身を屈め、逞しいおチ○チンを両頬にこすりつけては、匂いをクンクンかぎました。それどころかチュッチュッとソフトなキスを繰り返し、舌先で横べりを舐め上げていたんです。

汗臭い匂いと苦味が妙になつかしく、口の中に大量の唾が溜まりました。

私は真上からおチ◯チンをがっぽり咥え込み、根元まで一気に呑み込むと、唾液をたっぷりまぶしてから顔を引き上げたんです。

「ンっ、ふうっ」

意識せずとも色っぽい吐息が鼻から抜け、このときの私は母親ではなく、完全に一人の女になっていました。

徐々に顔の打ち振りを速め、グッポグッポといやらしい音を立てた直後、低いうめき声が耳に届きました。

「う、うぅん……あっ」

ベッドがギシッときしみ、敬一が目を覚ましたことはわかったのですが、もはや自分を止められませんでした。

「か、母さん？　な、なんで……あ、うっ」

陰嚢を手のひらでなで上げると、息子は身をそらし、切なげな声をあげました。

「だ、だめだよ、こんなこと……」

「……何も言わないで」

言葉では、敬一を説得させられません。

ペニスを吐き出して告げると、私はプリッとした陰嚢に舌を這わせました。

そして片方ずつ口の中に入れ、甘噛みしては舐め転がしてあげたんです。

「お、おふっ」

頬をすぼめて吸引すれば、身をのけぞらせ、女の子のように腰をくねらせました。

その姿がとてもかわいくて、もはやためらいは少しも残っていませんでした。

頭の中は、あの女だけには絶対に負けたくない、敬一を誰にも渡したくないという独占欲に占められていたのだと思います。

「いけない……いけないよ」

泣きそうな顔でつぶやく息子を尻目に、私は再びおチ○チンを咥え込みました。

大きなストロークで首を上下させると、太ももの筋肉がピクピクとひきつり、二つのタマタマが持ち上がりました。

「お、おおっ」

「いいのよ……イキたくなったら、イッても。敬ちゃんのエッチなミルク、母さんが全部飲んであげるから」

自分でも、よくあんないやらしい言葉が出たなと思います。

敬一はさすがに驚いていましたが、逆にペニスはひと際膨張し、口の中でのたうち回りました。

私は首をS字に振り、今度はきりもみ状の刺激を吹き込みました。

「あ、おおぉっ」

悲鳴に近い声が耳に届くたびに、こちらの性感も高みに向かって昇りつめ、ショーツは愛液でびしょ濡れになりました。

なんと私は、フェラチオをしながらワンピースの下に手をもぐらせ、クロッチを脇にずらしてクリトリスをいじり回したんです。

脳の芯がビリビリ震え、瞬時にして頂点に達してしまいそうな気持ちよさでした。

きっと、軽いアクメには何度も達していたと思います。

敬一はベッドカバーに爪を立て、狂おしげに腰をよじっていましたが、とうとう我慢できなくなったのか、身を起こしてすがりついてきました。

「か、母さん！」

「あ、ンっ、だめよ」

「ど、どうして？　母さんのほうから、誘ったんでしょ？」

「あなたは、じっとしてればいいの」

「そんなの無理だよ！」

ベッドに押し倒され、唇を奪われたときは、乙女のように胸がときめきました。

もちろん、この程度で息子を取り返したとは思えず、最後の一線を越えてもいい覚悟を決めていました。

ディープキスで敬一の舌を吸い立て、口の中を舐め回し、はたまたおチ○チンを握り締めては、しごき立てました。

「んっ、んうぅっ」

彼は必死に自制しているようでしたが、眉をハの字に下げた表情がまたかわいくて、私自身の昂奮も頂点に達しました。

生意気にも乳房や太もも、ヒップをなで回してきたのですから、やはりそれなりの経験はあったのだと思います。

あの女とどんなセックスをしたのか？　手取り足取り一から教わったのか？　想像しただけで、激しい嫉妬に身が焦がれそうでした。

私が敬一に注ぐ愛情は無償の愛であり、性愛とはかけ離れたものなのです。

絶対に負けない。彼女よりもすばらしいセックスを味わせなければ……。

使命感にも似た心情の赴《おもむ》くまま、私は敬一を強く抱き締め、唾液をじゅっじゅっとすすり上げました。

「んっ、んぅぅっ！」

激しく吸いすぎたのか、彼は目を見開き、手足をばたつかせました。

私は唇を離し、またもやおチ◯チンにしゃぶりつき、猛烈な勢いでしゃぶり回したんです。

「はあはあ、はあぁっ」

「ンっ、ンっ、ンっ!?」

鼻から吐息を洩らし、リズミカルなピストンで胴体をしごくと、血管がドクドクと脈打ちました。

「だめだったら、そんなに激しくしたら、イッちゃうよ……」

「うン、うンっ！」

フェラをしながらコクコクとうなずいた直後、敬一はあおむけに寝転がり、両足を一直線に突っ張らせました。

「あっ、イクっ、イクっ！」

「ンふっ!?」

熱いしぶきが口の中に放たれ、青臭い匂いが鼻を突き抜ける中、精液のあまりの量に、今度は私がびっくりする番でした。

それでもほとばしる精液は一滴残らず呑み込み、ペニスをしごいて尿管内の残り汁も絞り出しました。

「……ああ」

敬一が天井をぼんやり見つめ、肩で息をしている間も、私は舌でおチ○チンをきれいにしてあげたんです。

驚いたことに、ペニスは少しも萎《な》えず、ビンビンにそり返ったままでした。

若い男性の精力には唖然《あぜん》としたほどで、女性の体を知ったら、確かに夢中になってしまうのかもしれません。

「はあっ……すごいわ」

思わず感嘆の溜め息をこぼすと、敬一は手を伸ばし、私の乳房をわしづかみにしました。

「母さんばかり、ずるいよ」

「あ……ンっ」

「服、脱いで」

「……そんなこと」

いざとなると、恥ずかしさが込み上げ、私は困惑げに身をよじりました。

歳も歳だけに、できれば服は脱ぎたくなかったのですが、躊躇《ちゅうちょ》していると、敬一は

Tシャツとハーフパンツを脱ぎ捨てて全裸になりました。

こうなったら、もう行き着くところまで行くしかない。もとより覚悟していたことですから、意を決して背中に手を回し、ワンピースのファスナーをおろしました。

クリーム色の布地をウエストまでおろしたところで、敬一は正座の状態からぎらぎらした視線を向けけました。

「そんなに見つめられたら、恥ずかしいわ。お腹だって……たるんでるし」

「全然、そんなことないよ。すごくきれいだ。三十代だと言っても、十分通用すると思うよ」

「いくらなんでも、それはないわ」

「お世辞じゃないから……あぁ、早く、早く全部脱いで」

上擦った声でせかされ、私は中腰の体勢からワンピースを脱ぎ、ブラジャーとショーツだけの格好になりました。

クロッチには愛液の大きなシミができているはずで、悟られないように股間は手でおおい隠しました。

「はあ、はあ……ブラ、取っていい？」

「……いいわ」

ホックをはずされてカップがずれると、乳首が硬くしこり勃《た》ち、羞恥心から顔が火傷《やけど》したように熱くなりました。

「おっきな……おっぱい」

敬一が両の乳房をゆったりもみしだく間も、おチ○チンは勃起したままです。鈴割れから、透明な汁が滾々《こんこん》と溢れていました。

「あ……ン」

乳頭を指先でこねくり回され、心地いい快感が背筋を這いのぼるたびに、甘い声が口から放たれました。

「もう我慢できないよ」

「出したばかりでしょ？」

「一回ぐらいじゃ、満足できないよ。母さんがエッチなことするから、悪いんだよ。パンティ脱いで、見せて」

目を血走らせた彼の顔つきは、もはや子どもではなく、一人の男でした。

私は仕方なく腰を上げ、クロッチを隠すようにしてショーツを引きおろしていったのです。

「早く、早く！　足を開いて」

身が裂かれそうなほど恥ずかしかったのですが、ここまできてしまった以上、後戻りはできませんでした。

後ろ手をつき、足をゆっくり開いていくと、敬一は四つん這いの体勢から、あそこを瞬《また》きもせずに見つめてきました。

「ああ……母さんのおマ○コ」

「い、いやっ」

あわてて顔をそむけるも、熱い眼差しと吐息が注がれ、体の芯がとろけそうでした。

そんな状況にもかかわらず、愛液が膣の奥から絶え間なく溢れ出したんです。

「濡れてる……すごいや」

「ひいっ」

敬一は指先でなでつけたあと、クリトリスをつついてはこね回しました。

「下のお口が、ぱっくり開いてる」

「み、見ないで」

「でも、愛液が次から次に滴《した》ってくるよ」

「ン、はぁあっ」

やはり、あの女から女体の構造は教わっていたのでしょう。

指は性感ポイントを的確にとらえ、自分の意思とは無関係に昂奮のボルテージが上昇しました。

「ここ？ ここがいちばん感じるの？」

「やっ、だめっ、はっ、ンぅっ」

「それとも……ここかな？」

「……あ」

右手の中指と薬指が膣の中に入れられ、膣壁の上部を優しくなで回されました。

とにかく気持ちがよくて、はしたない声を盛んに上げていたと思います。

指のスライドが繰り返されるたびに不思議な圧迫感が押し寄せ、私は何度も顎を突き上げ、腰を揺すり上げました。

「母さん、見てごらん」

「あ、やっ」

言われるがまま恥部に目を向けると、愛液が割れ目からピュッピュッと、しぶいているではありませんか。

困惑げに身をよじったところでピストンが速度を上げ、私はベッドに寝転がって悶《もん》絶《ぜっ》しました。

「やっ、やっ、やぁあぁっ」

「す、すごいや、潮が吹き出てる」

潮を吹くという知識がなかったため、とてもびっくりしたのですが、敬一はさも当然のように言い放ち、腕を振りたくりました。

「だめっ、だめっ、だめぇ……あ、くふぅうっ」

あっけなくエクスタシーを迎えた直後、指の動きがようやく止まり、彼の荒々しい吐息だけが室内に響きました。

「母さん……もう入れるよ。いいだろ?」

涙目でコクリとうなずくと、敬一は私の足を割り開き、腰を突き進めました。

いよいよ、息子と結ばれる。禁断の園に足を踏み入れることになる。

ためらいがまったくなかったわけではありませんが、もちろん拒絶する気はありませんでした。

硬くて大きなペニスはなかなか入らなかったのですが、カリ首が膣口をくぐり抜けたとたん、凄まじい快感が身を貫きました。

「……あひっ!」

「あ、くっ、ぐうっ」

ペニスは勢い余って膣の奥まで差し込まれ、先端が子宮をガツンと打ちつけました。

「お、お……母さんのおマ○コの中、とろとろだ。柔らかくて、温かくて、チ○ポがとろけそうだよ」

そのときの私は軽いアクメに達しており、揺り椅子でまどろんでいるかのような状態でした。

敬一も我慢の限界に達していたのか、しょっぱなから腰を振り立て、私はまたもや快感の渦に巻きこまれていったんです。

逞しいピストン、若い男性のスタミナにも驚かされました。

バツンバツンと、恥骨のかち当たる音が鳴り響き、めくるめく快感の高波が何度も打ち寄せました。

「あぁ、母さん！　すごい、すごい気持ちいいよ！」

「あっ、あっ、わ、私もよ……ン、はぁあぁっ！」

息子を取り戻すつもりが、私のほうがすっかり乱れていました。

彼にしがみつき、雄々《おお》しいスライドに金切り声をあげていたことだけは記憶しています。

敬一が射精する間に、何回エクスタシーに達したことか。

「おおっ、母さん……もうイッちゃいそうだ！」

「いいわ、出して、中に出して！」

愛する息子の精を、すべて体で受け止めたい。髪を振り乱して答えると、ピストンのピッチがさらに増し、私は快感の海原へと放り出されました。

「あひ、ひぃぃっ！」

「ぬおぉっ、イクっ、イクよっ！」

熱いうるみが膣の中に放たれた瞬間、頭の中が真っ白になり、天国に舞い昇るような快感にどっぷりひたりました。

その後、思惑どおりに敬一はその女性と別れたのですが、すべての愛情と性欲を私に向けてくるようになりました。はたしてこれでよかったのか、いまでは少し後悔している気持ちもあるんです。

甘えん坊の子供を寝かしつけるために禁断の肉体関係に溺れてしまった私

鳴海静香　事務職　四十五歳

息子の圭太《けいた》が三歳のとき、訳あって離婚しました。

片親だからといって、不憫《ふびん》な思いをさせてはならないと大事に育てたせいか、息子はなかなか親離れができないようでした。

母子二人で、身を寄せ合うように暮らしてきたので、幼いころから添い寝はあたりまえでしたし、狭いアパート暮らしのため、大きくなっても寝室はいっしょでした。

小学生になって、布団を二枚並べるようにしましたが、いつの間にか私の布団にもぐり込んでくることがありました。

寒い冬ならわかるのですが、夏の寝苦しい夜でもそんなふうにしてくるので、やはりうちの子は相当甘えん坊なのだと思っていました。

ところが圭太が小学六年生のときに、甘えん坊というだけではすまされないと思うことが起こりました。

翌日に遠足を控えたその夜、息子はなかなか寝つけない様子でした。何度も寝返りを打っていましたが、私も早朝からお弁当を作らねばならないので、話しかけずに、早く眠ろうと目を閉じていました。

そうするうちに、息子が私の布団にもぐり込んできたのです。

くっついてきた体が熱っぽいように感じましたが、遠足前の知恵熱みたいなものはよくあることでした。

それならこのまま黙って眠らせたほうがよいと考え、背中を向けてじっとしていると、さらにぴったりと密着してきました。なんだか様子がおかしいなと思っていると、お尻のあたりに硬いものが当たってきたのです。

まさか……？　と、一瞬息を呑みました。

そのころ、息子のお風呂の時間が妙に長かったり、汚れたパンツを隠していたり、そんなことが重なっていたので、そろそろ男性部分が成長したのかもしれないとは思っていました。

けれど、まさか自分の体にこすりつけてくるとは思ってもいなかったので、どうしてよいかわからず、寝たふりを続けていました。

息子の呼吸はだんだんと荒くなり、それに合わせてお尻に当たっていた男性器も、ゆっくりと動きはじめました。

しばらくすると「うぐっ」と、抑えたうめき声が聞こえてきて、硬いものがお尻の肉に食い込んできました。

そのあと、息子はトイレに立ち、再び寝床に戻ってくると間もなく寝息を立てはじめました。三十分にも満たない短い時間でしたが、とても長く感じられました。

翌朝は何ごともなかったように顔を合わせましたが、息子の顔をまともに見られないほどドキドキしていました。

射精自体は叱ることでもないですし、むしろ成長の証《あかし》として喜ばしいことです。男の子を持つ親なら、いつかは迎える出来事かもしれません。

ただ、私の体を使ってはいけないということを、どんな言葉で教えていいのかわからずに悩んでいました。

下手に注意すると、性欲そのものに罪悪感を抱きかねないし、急に部屋を分けたりしたら、息子が傷つくかもしれないと考えて、それもできませんでした。

こんなとき父親がいたらいいのにと思ってしまいました。けれど、親の勝手で離婚して、息子にさびしい思いをさせているのだから、私が一人で解決するしかないと、誰にも相談できずにいました。

それからしばらくは、布団に入る時間をずらしたり、背を向けないようにして気をつけていました。

そうは言っても、私も仕事で疲れているので緊張は続きません。もう大丈夫かなと気を抜いたあと、またしても背中に熱を感じて目覚めました。

最初とは違って、私の寝息を確認してからさわりはじめたようです。

いつの間にか、ネグリジェのすそがまくり上げられていて、指先がすーっと、お尻のワレメをなぞってきました。

前回は、パンツの上から押し当ててくるだけでしたが、そのときは露出した男性器を、直接太ももにこすりつけられていました。

やはり私は、寝たふりをすることしかできませんでした。

じっと様子を窺《うかが》っていると、べたべたした感触の男性器が、太ももの間にねじ込まれてきました。

息子の腰がゆっくり動いて、抜き差しが始まったのです。

とっさにぎゅっと、両脚に力を込めましたが、太ももを締めつければ締めつけるほど腰の動きが速くなり、そのすき間に挟んだ性器は勢いを増して硬くなってきました。

どうしよう……やっぱり注意したほうがいいのかしらと思い悩んでいるうちに、太ももの内側に、ぴゅっと生ぬるい液体が吐き出されたのです。

息子が、枕もとのティッシュを引き抜いて処理している音を、ただじっと、唇を嚙みしめて聞いていました。

その翌日にも、布団に入ってきて、今度は乳房をもまれました。寝るときはノーブラなので、その感触はとてもなまなましいものでした。

寝返りを打とうとしても、背中からがっちりと押さえ込まれるかたちになっていたので、身動きできませんでした。

息子は乳房をもみながら、またしても太ももの間に男性器を挟んできて、射精しました。

それから数回、同じことが繰り返されましたが、回を重ねるごとに、息子の行動は大胆になっているように思えました。

このままではいけない、どうしたらいいのかと、毎晩寝る前に考えていました。

そんな日々を繰り返すうちに、私は仕事の疲れがたまったのか、熱を出して寝込んだことがありました。

さびしいけれど、寝室を別にするよい機会だと思いました。

風邪をうつしちゃいけないからと言って、それまで寝室として使っていた部屋を息子専用の部屋にして、私は居間で寝ることにしたのです。

「もっと早くこうしてあげればよかったわ。このほうが勉強に集中できるものね」

言いわけしましたが、息子も何か感じ取ったのかもしれません。それ以来、ぱったりと性行動が治まったのです。

治まってみると、今度は、その欲求がおかしなほうに向かないかと、別の心配が頭をよぎるようになりました。結局、どうなっても親の心配は尽きないのです。

その時、圭太は中学生になっていました。

部屋を掃除するときに、パソコンの中身をのぞき見たり、変なものがないかチェックしたりしていました。

パソコンには、エッチな履歴が残されていたし、ゴミ箱には、ティッシュの残骸が山のように捨てられていました。けれどそれくらいは、健康な男子ならあたりまえのことです。

別々に寝るようになってからも性欲は衰えず、息子なりに処理しているのだと知ると、ホッとしました。

ふだんの様子は以前と変わらず、なんでも話してくれましたし、母の日には必ずお花を買ってきてくれる優しい子のままでした。

息子を責めるだけでなく、お風呂上がりの短パン姿をやめるなど、私もいろいろと注意するようにしました。母親をそんな目で見るはずがないと油断しすぎていたことを反省したのです。

それから三年近くの間、何ごともなく過ぎたので、あのときの出来事は、性欲が芽生えはじめたばかりの一時的なものだったのだろうと考えるようになっていました。

ところがある夜、そっと襖が開く気配で目を覚ましました。

隣の部屋から、息子が忍び足で近寄ってくるのがわかりました。音を立てないように気をつけている物音ほど、なぜか耳に届くものです。

まさか……また、始まる？　緊張しながら枕を握り締めていると、圭太が布団にもぐり込んできました。

もう中学三年生になっていた圭太は、父親に似たようで、急激に背が伸びて、体格もがっちりと成長していました。

最後に布団に入ってきたときから三年しかたっていないのに、背中に感じる気配は当時のものとまるで違い、大人の男の威圧感がありました。

翌日からはゴールデンウィークだったので、夜更かしも許される日でした。

どこにも行く予定がなくて、かわいそうに思っていただけに、布団から追い出すことができませんでした。

この子もさびしいのかもしれないわ、そう感じたのは、自分自身も寝る部屋を分けてから、ときどきさびしさを覚えていたからです。

互いにたった一人の家族ですから、求め合うのは自然なことかもしれません。目的はどうであれ、そうして再び息子の温もりにふれると、一度離れたぶんだけ、その存在のありがたさを感じました。

薄い肌掛け布団の中は、二人の体温で、むわっと熱くなっていました。

息子の指は、小学生のときよりも注意深く、ゆっくりと私の下半身をなで回してきました。

ネグリジェのすそから入ってきた指が、お尻の上を這いながら、とうとうパンティの中に入ってきたのです。

ああ、そこはまずいわ！　いまにも叫びそうになるのを我慢して、寝たふりを続けるかどうか迷っていました。

正確には、迷っていたというよりも、とまどっていたのです。いつになく体が敏感になってしまい、息子の手いじりに気持ちよさを覚えていました。

子育て一筋で、男っ気のない生活を送りつづけてきたせいかもしれません。大人びた息子の体に初めて色気を感じてしまったのです。

パンティの中に入ってきた指が陰部にふれてくると、喘いでしまいそうになって、唇をきつく結びました。

その指づかいは、まるで女の構造を知っているかのようでした。ネットなどで学習したのかもしれません。

敏感な突起を探り当てた指先は、コリコリした感触を愉しむかのように動き回っていました。相手が息子であっても、そこを責められたら、ひとたまりもありません。

正直、すごく感じてしまいました。

陰部から愛液がにじみ出ると、息子の指がだんだんとなめらかに動きはじめました。

やがて息子は、そのヌルついた指で、二枚のヒダを押し広げてきました。いったいどこに穴があるんだろうと、探っているような手つきでした。

その指が、くぼんだ穴を見つけて、遠慮がちに入ってきました。

自分の指でさえ、さわることがなくなっていた陰部の奥は、久しぶりの異物の侵入にざわめき、息子の指に吸いつくようにすぼまりました。

根元まで入ってきた指を動かされると、クチュクチュとエッチな音が聞こえてきましたが、それでも必死に寝たふりを続けていました。

息子と気まずくなることも怖かったし、感じてしまう自分を止めることもできなくなっていました。

枕に顔を突っ伏してじっと耐えていると、さわられている陰部に神経が集中しました。暗闇が、恥じらいやモラルをおおい隠してしまったのです。迷いが吹っ切れると、心地よさだけが体じゅうを駆け巡りました。

そんな私の心と体のゆるみを、息子は見逃さなかったようです。

パンティをずらして、濡れたくぼみに男性器を押しつけてきました。

その一線は越えちゃだめ……もしも自分が感じていなかったら、振り向いてそう言ったかもしれません。

入れてほしいとも言えないけれど、入れないでとも言えませんでした。

股間に、ジュッと焼きごてを押しつけられたかのような衝撃が走りました。

力をみなぎらせた男性器は、愛液にまみれて、陰部の入り口の上をヌルヌルとすべっていました。

息子は、もはや取り返しのつかない場所めがけて、暴走を始めていました。

初めての男の子が背後から挿入するのは、なかなか難しそうでしたが、次第に、なりふり構わず腰を突き上げてきて、途中からは私を起こさないようにと気づかう余裕もなくなったようでした。

不慣れな息子を助けるように、両脚を揃えて膝を曲げ、お尻を突き出していました。その格好になると、自然に陰部が開きました。割れたくぼみに、男性器が力任せに押し込まれてきました。

噴き出した汗が、背中を伝いました。

入ってきた男性器には、大人にも引けを取らない逞しさがありました。おしっこをするだけの道具ではなく、女の欲を十分満たすほどに成長していたのです。

こぼれそうになる吐息を、自分の指を咥えてこらえました。

息子の手が背後から回ってきて、挿入したまま乳房をもまれました。乳房に食い込む指先にも、大人の存在感がありました。Dカップの胸を包み込むようにもまれて、乳首が勃起していました。

荒ぶる性器は勢いを止めぬまま、奥へ奥へと入ってきました。ピストンのスピードは凄まじく、体が激しく揺さぶられたほどでした。

あと少しでイキそうになったとき、息子の動きがピタッと止まりました。射精する寸前で、我慢してくれたのです。

いつの間にか夢中になって、妊娠の可能性を忘れていました。まだ若い息子のほうが、ちゃんと考えてくれていたのです。苦しそうに息を吐きながら性器を抜き取り、急ぎ足で部屋に戻っていきました。

とうとうそこまで許してしまったと、母親として自分を責めました。

それなのに、脚の間に残る性器の余韻はなかなか消えず、濡れた陰部が物ほしそうに、いつまでもヒクヒクとうごめいていました。

翌朝、朝食を作っていると、休日だというのに息子は早くから起きてきました。友人宅に泊まりにいくと言って出かけてしまったのです。

さすがに私もばつが悪く、「気をつけて」とだけ言って、見送りました。

それまで、友だちの家に泊まりにいく習慣などなかったので、息子も気まずいのだろうと察しがつきました。

ぽつんと取り残されると、息子との関係が崩れてしまったような気がしました。

冷静になった息子は、自分のしたことで私を怒らせたと思っているかもしれないし、もしかしたら、受け入れた私を軽蔑するかもしれないなどと、いろいろなことが頭をめぐりました。

その日は私も休みだったのですが、部屋の掃除を終えると、何もすることがなくなってしまいました。

それまで休日と言えば、一日中、息子のご飯やおやつ作りに追われていました。一人で家にいると、前の晩のことばかり考えてしまうので、用もないのに商店街に出かけました。

天気もよく、家族連れで賑《にぎ》わっていました。

仲よさげな家族連れを眺めながら、幼いころの息子の姿を重ねていました。成長していく息子を、どんなふうに支えたらいいのだろうと考えながら、ふらっと立ち寄った薬局で、コンドームを手にしていました。

父親ならともかく、女の私が教えてやれることなど、ほかにありません。

家に戻ると、買ってしまったコンドームをどうしたものかと悩みました。考えているうちに、性懲《しょうこ》りもなく体がほてってきてしまいました。

頭で整理できないほどに、息子とのセックスはよかったのです。

回想するうちに、股間が濡れてきてしまいました。息子の部屋の匂いをかぎながら久しぶりに自分の指で慰《なぐさ》めました。

その日の深夜、一人さびしく寝床に入っていると、ドアの鍵が開く音が聞こえてきました。よその家で寝ることに慣れていない息子は、やっぱり戻ってきたのです。

ほっとして、うれしくて涙が出そうでした。

声をかけようか迷いましたが、息子の反応を見たほうがよいと考え、寝たふりをしていました。

コンドームは結局、息子の部屋の机の上に置きました。

注意喚起をすると同時に、怒っていないよというメッセージのつもりでした。

思春期の息子にとってデリケートな内容だけに、言葉に出すのはためらわれ、それが唯一理解を示す方法だと思ったのです。

帰宅した息子は、しばらく部屋にこもっていました。今日はちゃんと寝たのかしらと耳をそばだてていると、襖が開いて近寄ってくる気配がありました。

「お母さん……寝ちゃった？」

起こす気はないような、静かなささやき声でした。変声期を迎えた低い声を耳もとで聞くと、男臭さにゾクゾクしました。

それ以上、過《あやま》ちを犯したくなければ返事をするべきなのに、寝たふりをしていたほうがいいと、私の中の悪魔がささやきました。

無言で背中を向けると、案の定、息子が布団に入ってきました。

「お母さん、ごめんね……」

私が起きていることに気づいているのかいないのか、独り言のようにつぶやいて、体をくっつけてきました。

謝る息子の葛藤《かっとう》を思うと、なおさら突き放せなくなりました。いけないことだとわかっていながら止められない気持ちは、自分も同じだからです。

布団に入ってくるといきなり、パンティをおろされました。

いつものように、お尻に男性器が当たってきましたが、何か感触が違いました。すぐに私は気づきました。

息子は素直に、私の買ったコンドームを装着してきていたのです。

机の上に置かれたコンドームを見て、性行為を認められたと受け取り、次はこれを着けていらっしゃいというメッセージだと解釈をされても不思議ではありません。

それならそれでもいいと思いました。

なによりも、軽蔑されていなかったという喜びが大きく、なおも私を求めてくる息子がいとしくてたまりませんでした。

二度目だったせいか、その日の動きは自信に満ちて、スムーズに入ってきました。

ゴムを着けた安心感も手伝って、前日よりも激しく腰を振ってきました。体の奥で暴れ回る性器は、卑猥にねじ曲がりながら、すぐに子宮口まで到達しました。

「ん、んんっ！　け、圭太……あっ、あっ、あっ、気持ち……いい」

昼間のオナニーから引きずっていた快楽への飢えが満たされるにつれ、寝たふりもできなくなっていました。

押し殺した喘ぎに呼応するかのように、男性器がそり返ってきました。

熱く、太く、凶暴なほど硬いそれで容赦なくこすられると、なんの言いわけもできぬほど、あそこがびしょ濡れになってしまいました。

「はぁ、はぁ、はぁっ、お母さん、好きだよ、好きだよ……うぅっ」

衣擦れの音に消されてしまいそうな、小さなつぶやきが聞こえてきました。

そんな言葉を聞かされて、興奮はいっそう高まりました。体じゅうの毛穴を開いたそのとき、息子のすべてが脈打って射精の瞬間を伝えてきました。

息子が静かに布団から出ていくと、なんだか取り残された気分でした。

汗で湿気《しけ》ったシーツの上で、火が点《つ》いた体を持て余していたのです。陰部をさわると、恥ずかしいほど濡れていました。

しばらくすれば、ほてりも治まるだろうと目を閉じましたが、絶頂に届かなかった体が、疼いてしかたありませんでした。

自分の指を束ねても、息子のものとはほど遠く、疼きがひどくなるばかりです。

二時間ほどたったころ、とうとう我慢できなくなった私は、息子の部屋に忍び込みました。

窓に透ける外灯を頼りに、寝床にそーっと近づくと、満足しきっているような顔で寝息を立てていました。

枕もとには、封を開けたコンドームの箱が無造作に置かれていました。

パジャマのズボンもはかずに布団を剝いで、トランクスから伸びた脚を、無邪気に投げ出していました。

ずれた布団をかけてやりながら、その中にもぐりました。

鼓動が速くなると、息子も、こんなふうにドキドキしながら私の寝床に来たのだなと、その痛みを実感しました。

あおむけになった息子の股間に、恐るおそる手を伸ばしました。力の抜けた男性器をさわると、「ウウン」と寝言のような声をあげました。

起こすつもりはなかったし、できれば起きずにいてほしいと願いながら、トランクスの中に手を突っ込みました。委縮《いしゅく》した男性器には、吐き出した精液のヌルつきが残っていました。

握りしめて優しくこすると少しずつ大きくなってきたので、体を密着させながらトランクスをずりおろしました。

気づけば、自分がされたことと同じことをしていたのです。女の厚かましさで、息子よりも堂々としていたかもしれません。

「お母さんのほうこそ、ごめんなさいね……」

言葉ではわびながら、体は罪を犯す準備を始めていました。

感触しか知らなかった性器が出てきました。いつの間にか、びっしりと生え揃った陰毛の真ん中に、そそり立っていました。

口に含むと、息子の体が一瞬ビクンと震えました。

生まれて初めてコンドームを被せられ、女の体に押し込まれても物怖《お》じしなかっただけあって、口の中でもムクムクとふくらんできました。

そんなことをすれば起きてしまうとわかっているのに、息子ならきっと寝たふりをしてくれるだろうと信じていました。

そのおかしな暗黙のルールは、長い年月を経て、息子の体にもしみこんでいるはずでした。

その夜、二度目の勃起だというのに、想像以上に硬く、力強くそり返ってきました。萎《な》えてしまう前にと、大急ぎでゴムを装着しました。

私自身、それ以上我慢できませんでした。跨《また》ると、夢中でお尻を振っていました。寝ている私の背中から責めることしか知らなかった息子にとっても、新鮮な刺激だったに違いありません。あっけないほどすぐに射精したのがわかりましたが、自分がイクまで腰を振りつづけてしまいました。

そうするうちに三度目の勃起が始まり、私の体も繰り返し、絶頂を迎えていました。やっと気がすんで眠りについたころには、空が明るくなっていました。

それから、息子が就職して家を出ていくまでの数年間、夜這いをし合っていました。言葉は交わさず、互いに寝たふりのルールを守りつづけたのです。

それ以外の時間は普通の親子のように接しながら、夜のことについてだけは、二人ともけっして口にしませんでした。

言葉にしてしまったら、築いた関係が崩れてしまうのではないかと恐れていました。私たちにとって無言の行為は、もっとも信じあえる愛の確認方法だったのです。

そんなふうに、長い時間をかけて深い絆で結ばれたからこそ、息子が東京に行ってしまうことになっても、それほどあわてずにすんだのかもしれません。

離れて暮らした一年後、息子から、彼女ができたと紹介されたときには心からよかったと思えました。半年前には私にも、再婚を考える人が出てきました。

先日、その報告をするために息子の元に出向いたのですが、「泊っていってよ」と抱きつかれました。

「久しぶりに、お母さんの中に入りたい……」

そう言われて、「私も同じ気持ちよ」と答えていました。

互いに自立して初めて、本音を言葉にしながら向き合うことができたのです。

息子の身長はそれほど変わっていませんでしたが、胸板や肩幅が厚くなって、本格的な大人の男へと成長していました。

それでも私の前ではやっぱり子どもになるようで、あおむけに寝たままフェラチオをねだってきました。

「ああ、お母さんにされると、ほんとうに気持ちがいい……ねえ、入れさせて」

息子からコンドームを手渡され、恋人とは違う種類のセックスを堪能《たんのう》しました。

翌日、私は息子に見送られながら笑顔で別れました。

決して一般的なかたちではないけれど、罪深さを共有する私たちが築いた親子関係も、それほど悪くないと思っています。

同居する娘婿から告白されてしまい牝の淫靡な本能が目覚める五十路母！

天海咲恵　飲食店勤務　五十歳

私はスナックで働きながら、シングルマザーとして娘を育てました。そのため、娘とのつながりが普通の親子よりも強いんです。

「私が家を出たら、お母さんが一人っきりになっちゃうから」

そう言って、娘は結婚してからも私と同居することを選んでくれました。その気持ちはすごくうれしかったのですが、娘夫婦といっしょに暮らすことで、もう一つうれしいことがありました。それは、娘の結婚相手の亮太《りょうた》さんと同居できることです。

スナックのお客さんは年寄りばかりで、若い男性なんてめったに来ません。だから、たとえ娘婿だとしても、若い男とひとつ屋根の下で暮らすのはとてもうきうきしてしまうんです。

しかも、結婚早々、亮太さんは勤めていた飲食店が倒産して、無職になってしまったんです。もちろんすぐに再就職先を探しましたが、いまは外食産業は厳しいらしく、なかなか仕事は見つかりません。娘はいままでどおり会社に通っていて、私の仕事は夕方からなので、昼間は亮太さんと二人っきりで過ごすようになったんです。

若いからか亮太さんは朝寝坊で、私が起こさないといつまでも眠っています。そんな彼を起こして朝ご飯を食べさせることから、私の一日が始まるんです。

亮太さんの食べこぼしを拾ってあげたり、着がえを出してあげたり、身の回りの世話をしてあげていると、だんだんと同棲を始めたばかりの恋人同士のような気分になってきてしまいました。

なにもそれは、私が一方的に感じていたわけではありませんでした。ある日、二人でお昼ご飯を食べながらテレビのワイドショーを見ていたとき、亮太さんがポツンと言ったんです。

「ぼく、お義母《かあ》さんと結婚すればよかったな」

「え？　どうして？」

「うん、それは……」

そんなやりとりのあとに亮太さんが話してくれたのは、失業して以降、娘が亮太さんにきつく当たることが多くなり、そのことで夫婦の間に溝ができてしまっているということでした。娘の気持ちもわかりますが、やはり私は亮太さんの味方です。

「大丈夫よ。仕事のことなんか気にしないで、のんびりすればいいわ。いまはゆっくり休んで英気を養う時期なのよ」

そう言って私は、落ち込んだ様子の亮太さんの体を抱き締めてあげました。

一瞬、とまどったように体を硬くした亮太さんでしたが、すぐに亮太さんも私の背中に腕を回してきました。そして私たちは昼下がりのリビングでそうやってしばらく抱き合っていたんです。すると徐々に亮太さんの鼻息が荒くなってきました。私はそれなりに男性経験を経てきていますから、それがなにを意味するかはわかりました。

しかし、相手は娘の夫なのです。超えてはいけない一線というものがあります。だからあわてて体を離そうとしたのですが、亮太さんは私の背中に回した腕に力を込めて、放してくれません。

それどころか、思い詰めた口調で告白するんです。

「お義母さん、好きです！　ぼく、お義母さんのことが好きなんです！」

「亮太さん、ダメよ……放して。私はあなたの義理の母親なのよ」

「そんなこと、関係ありません！」

私はその場に押し倒されてしまいました。

「ああ、ダメだってば。あううんん……」

私の言葉は途中からくぐもったうめき声に変わりました。それは亮太さんの唇が私の唇に押しつけられたからです。

亮太さんのキスは熱烈で、すぐに口の中に舌が入り込み、唾液をピチャピチャと鳴らしながら動き回りました。

「はあ、ぐうう……うぐぐ……」

そんな声を洩らしながら抵抗しましたが、私も途中からは亮太さんの舌を舐め回し、唾液をやりとりしてしまいました。

キスをしながら亮太さんは、私の胸をもみはじめました。しかも、すごく執拗《しつよう》にもみつづけるんです。亮太さんが私と結婚したほうがよかったと言ったのは、たぶん胸の大きさも関係しているような気がします。私はEカップなのに、娘はAカップなんです。体全体の肉づきも、ムチムチの私とは真逆のスレンダーボディです。

痩せてるほうがいろんな服がよく似合うからと、娘は以前からダイエットに励んでいたのですが、やはり男性は私のような体つきを好むものなのでしょうか。

「わかったわ……亮太さん、どうせならベッドでしましょ。ここだと背中が痛くて」

さすがにフローリングの上でセックスするのは、五十歳の体にはきついです。

それにセックス自体五年ぶりぐらいなので、どうせならスプリングのきいたベッドの上でたっぷり楽しみたいと思ったんです。もちろん娘に対する罪悪感はありましたが、それよりも女としての本能のほうがずっと勝っていました。

「お義母さん……いいんですね？　じゃあ、ぼくが連れていってあげますよ」

そう言うと亮太さんは、私をお姫様だっこしてくれました。

「ああん、おろして。重いでしょ？」

「大丈夫。この重さがこのあとの快感につながると思えば、望むところですよ」

細身の亮太さんでしたが、意外と逞しくて、私を軽々と抱き上げて寝室のベッドまで運んでくれました。

「さあ、お義母さん、着きましたよ」

私をベッドに寝かせると、亮太さんはもう我慢できないといったふうに、すぐにおい被さってきました。そしてまた熱烈にキスをするんです。私も亮太さんの背中に腕を回してきつく抱き締めながらキスを返しました。

ひとしきりキスでお互いの気持ちを高めると、亮太さんはまた私の乳房に手を這わせてきました。

私のEカップの乳房を、いつも物欲しげな目で見つめていたのでしょう。その大きな乳房にさわってもいいという状況になったのですから、亮太さんのよろこびは鼻息の荒さになって表現されるのでした。

「ああ、すごいですよ、お義母さん。このボリューム、たまらないなあ」

亮太さんはブラウスの上から乳房を力任せにもみしだきます。

「はあぁぁん……ダメよ。そんなに乱暴にしないで」

そう言いながらも、情熱的なもみ方をされるのはいやな気はしません。私のそんな気持ちが伝わるのでしょう、亮太さんは体を起こし、両手で左右の乳房をこねるようにもみつづけるんです。

「ブラウスが破けちゃうわ。ねえ、脱がして。直接さわってぇ」

私が甘えるような声で言うと、亮太さんはようやくブラウスのボタンをはずしはじめました。

ボタンを全部はずしてしまうと、亮太さんはブラウスをパッと左右に開き、乳房を詰め込んだブラジャーが露《あらわ》になりました。

かわいらしい飾りがついたお気に入りのブラジャーをつけていてよかったと思いましたが、亮太さんはそんなものにはまったく興味を示しません。

抱き締めるように私の背中に手を回してホックをはずすと、ブラウスとブラジャーをあっさり剝ぎ取ってしまいました。

「あぁ、お義母さん……すごいですよ。形も色も、最高です」

亮太さんは上半身裸になった私を見おろし、ため息を洩らすようにして言いました。

「ずっとさわりたかったんでしょ？　いいのよ。いっぱいさわって」

もちろん亮太さんは遠慮なんてしません。やわらかさと弾力を確認するように、両手で乳房をもみしだくんです。

「す、すごい……すごくやわらかいです。ああ、このさわり心地、たまらないなあ」

そう言うと今度は、乳房に顔を押しつけてきました。そして、頰で乳房の弾力を楽しむんです。私はそんな亮太さんの頭をそっと抱えるようにして、好きなようにさせてあげていました。だけど、だんだんもっと強い刺激が欲しくなってくるんです。

「ねえ、舐めてぇ」

「いいですよ。ああ、お義母さん……んん……」

亮太さんは左右の乳房を交互に舐め、徐々にその舌愛撫を乳首へと集中させていきました。

「ああ、おいしい……お義母さんのオッパイ、最高においしいです」

少しマザコンの気があるのか、亮太さんはうれしそうに言いながら赤ん坊のように乳首をしゃぶりつづけました。赤ん坊と違うのは、ただ吸うだけではなく舌で転がすようにしたり、前歯で軽く噛んだりすることです。

すでに硬く勃起していた乳首に、その刺激は強烈すぎます。

「あぁん、ダメぇ。はあん……」

私は悩ましく喘ぎながら、体をくねらせました。

「お義母さんの体、敏感なんですね。乳首でこんなに感じるんだったら、オマ◯コだったらどうなっちゃうんでしょう？」

「さあ、試してみてよ」

「お義母さん……」

私のいやらしい提案に、亮太さんはゴクンと喉を鳴らしました。

「じゃあ、お言葉に甘えて」

亮太さんはいったん体を起こして、私のスカートとパンティをいっしょに引っぱりおろしました。そして、それをベッドの横に放り投げるんです。

パンティもお気に入りのかわいいものをはいていたので、本当なら見てもらいたかったのですが、そんなことは言っていられません。

「さあ、お義母さん、感度のよさを確認する前に、よく見せてください」

亮太さんは私の両膝の裏に手を添えて、腋の下のほうへ押しつけてきました。

「あぁぁん。この格好、恥ずかしいわ」

さっきは亮太さんが赤ん坊のように乳首を吸っていたのに、今度は私がまるでオムツを替えてもらう赤ん坊のようなポーズを取らされてしまいました。

しかも、股間のすぐ近くには亮太さんの顔があるんです。

「ああ、きれいだ。お義母さんのオマ○コ、ピンク色で想像以上にきれいです」

「いやっ……亮太さんたら、私のオマ○コを想像してたのね」

「すみません。だけど、お義母さんと二人っきりでいるとムラムラして、どうしてもそんなことを想像してしまうんです。でも、こうやって見ることができて感動です」

「はあぁぁん……見るだけで満足なの？」

「いいえ。見るだけじゃ満足できません」

そう言うと、亮太さんは私の陰部にキスをしました。そして、さっきのディープキスのように割れ目の内側をべろべろと舐め回すんです。

「あぁぁぁん、気持ちいいわ。あああん……」

「じゃあ、もっと気持ちよくしてあげますね」

亮太さんは舌の愛撫を徐々にクリトリスに集中させはじめました。

そして、さっき乳首にしたのと同じように、舌先で転がすようにクリトリスを舐め回し、チューチュー吸い、さらには前歯で軽く噛んでみせるのです。

「ああぁっ、ダメぇ……そ……それ、気持ちよすぎちゃう。はああん……」

私はM字開脚のような格好のまま、体をのたうたせました。そんな私の反応に気をよくしたように、亮太さんはさらに激しくクリトリスを責めつづけます。

セックスが五年ぶりということは、クリトリスを舐められるのも五年ぶりです。その快感は強烈で、私はすぐに限界に達してしまいました。

「ああっ、もうダメ！　あっ、はあああん！」

ビクン！　と体をふるわせて私がイッてしまうと、亮太さんは愛液と唾液で濡れた顔に得意げな表情を浮かべてたずねるんです。

「お義母さん、どうですか？　ぼくのクンニは気持ちよかったですか？」

「はあぁぁん、すごく気持ちよかったわ……お返しに、今度は私が亮太さんを気持ちよくしてあげるわ。さあ、服を脱いで」

私はイッたばかりで力が入らない体をなんとか起こしました。そんな私の前で、亮太さんは嬉々として服を脱ぎ捨てました。すると、亮太さんのオチ○チンは、もう勃起していて、天井を向いてそそり立っているんです。

「はぁぁぁ……なんて元気なのかしら」

私は思わずため息を洩らしてしまいました。

「だって、ぼくはいま、お義母さんのオマ◯コを舐めてたんですよ。これぐらい興奮しててて当然ですよ」

そう言うと亮太さんは、オチ◯チンをビクンビクンと動かしてみせるんです。その様子はいやらしすぎます。私の口の中に大量の唾液が溢れてきて、それを飲み込むと、ゴクンと鳴ってしまいました。

「お義母さん……遠慮しないで、いっぱいしゃぶってください」

「はぁぁん……」

私はオチ◯チンに食らいつき、飢えた獣のようにしゃぶりはじめました。

その様子を仁王立ちで見おろしながら、亮太さんはうれしそうに言うんです。

「ああ、お義母さん……気持ちいいです。それにお義母さんはすごくおいしそうにしゃぶるんですね。ううう、なんてエロいんだろう」

亮太さんがよろこんでくれていると思うと、私はもっともっと気持ちよくしてあげたくなるんです。そこで私は、ただ力任せにしゃぶるのではなく、根元から先端へツーッと舌先をすべらせたり、カリのところをチロチロとくすぐるように舐めたり、先っぽの鈴口を舌先でほじくるようにしてあげました。

「す……すごいです。お義母さんのフェラ……ううう っ……気持ちいいです！」

そのうれしそうな声をもっと聞きたくて、上目づかいで亮太さんの顔を見つめながら、私はジュパジュパと唾液を鳴らしながら、強烈なバキュームフェラをしてあげました。

するると、亮太さんは切羽詰まったような声で言うんです。

「ああ、もうダメだ！　もう出る！」

あっと思ったときには、もう私の口の中に生臭い液体が勢いよく放たれていました。

「うっ、ぐぐぐ……」

むせ返りそうになりながらも、私は亮太さんの精液を受け止めました。そして、射精が完全に収まってから体を引いたんです。

「すみません。お義母さんの口の中に出しちゃうなんて……」

申し訳なさそうに言う亮太さんを見上げながら、私はゴクンと喉を鳴らして精液を全部飲み干してあげました。

「えっ……お義母さん……」

まさか飲むとは思ってなかったようです。だけど、自分の精液を飲んでもらってうれしくない男なんていません。そしてそれは、すごく興奮することだと思うんです。

その証拠に、射精してやわらかくなりかけていたオチ○チンがムクムクと頭をもたげていき、すぐにまたまっすぐに天井を向いてそそり立ってしまったんです。

「やっぱり、若いってすごいわね」

ぺろりと唇を舐め回しながら私が言うと、亮太さんは恥ずかしそうに顔をしかめました。

「すみません。でも、お義母さんがエロすぎるから……」

「私が悪いのね……じゃあ、最後まで責任を取らなきゃ」

私はまたベッドにあおむけになり、亮太さんに向かって股を開いてあげました。

「さあ、今度はいっしょに気持ちよくなりましょ」

私が提案すると、亮太さんはオチ○チンをピクンピクンとふるわせながら、すぐに股の間に体をねじ込んできました。

「いいんですね？　ほんとうに入れてもいいんですね？」

オチ○チンの先っぽをオマ○コに押し当てた状態で、亮太さんはたずねるんです。

私の娘の夫が決定的に浮気をする瞬間なのです。母親なら止めるべきでしょう。ですが、私は言ってしまいました。

「いいわ。入れて。その大きなオチ○チンで、奥のほうまでいっぱいかき回してぇ」

「お義母さん！」

亮太さんはいきなり腰をグイッと押しつけてきました。もうヌルヌルになっていた私のオマ○コは、亮太さんの大きなオチ○チンをあっさり呑み込んでしまいました。

「あっはあぁぁん！　入ってくるぅ……あああん、すごく奥まで届いてるわぁ」

「あうぅ……お義母さんのオマ○コ、すっごくきついです。うう、たまらないです」

「動かしてぇ。いっぱいかき回してぇ！」

私が悩ましい声で懇願すると、亮太さんは膣壁の気持ちよさを確認するようにゆっくりとオチ○チンを抜き差ししはじめました。

「ううう……すっごいヌルヌルだ。うあああ！」

「いい……気持ちいいわぁ……はあぁぁん！」

私は下から亮太さんにしがみつき、オマ○コに力を込めました。

「あっ、中が動いてますよ」

「そうよ……どう？　あの子とどっちが気持ちいい？」

「それは……」

亮太さんは少し言いにくそうに言葉に詰まりました。それは、娘のことを悪く言われたら母親なら怒るんじゃないかと心配したようです。でも、そんな心配は必要ないんです。だって、私とあの子は母子である前に女なんですから。

そんな思いを込めて私がキュッキュッと締めつけてあげると、亮太さんは苦しげに眉間にしわを寄せながら言ってくれました。

「うう……お義母さんです。お義母さんのオマ○コのほうが気持ちいいです！」

「あぁん、ありがとう。じゃあ、私のオマ○コでもっともっと気持ちよくなって！」

「ああ、お義母さん！」

亮太さんは狂ったように腰を振りはじめました。そして、パンパンにふくらんだオチ○チンで膣奥をかき回しながら、同時にオッパイをもんだり舐めたりするんです。

「ああん、いい……気持ちいいぃ……はあああん！」

「お義母さん、ぼ……ぼく、もう……」

不意に亮太さんは苦しげに言い、すぐ近くから私の目を見つめました。

さっきフェラチオで射精させてあげたばかりでしたが、若い亮太さんは私のオマ○コの気持ちよさに耐えられないようでした。そのことは、私をうれしい気持ちにさせてくれるんです。だから私は言ってあげました。

「いいわ、出して！　ああん、私の中に……中にちょうだい！」

「いいんですか？」

そうたずねながら亮太さんの目が輝くのがわかりました。中に出すのは男にとってうれしいことなのでしょう。幸いなことに私はもう妊娠の心配はありません。だから、もう一度言ってあげたんです。

「中に……中にいっぱい出してぇ！　はあああん！」

「お義母さん……ううう……もう、もう出る。はっううう！」

力いっぱい膣奥を突き上げたまま亮太さんは腰の動きを止めました。その瞬間、私の中でオチ○チンがビクンと脈動して、勢いよく精子が噴き出すのがわかりました。そして、その熱いほとばしりを子宮に感じながら、私もいっしょにイッてしまったのでした。

その後も、私と亮太さんは毎日昼間に愛し合っています。私と亮太さんの仲がよすぎるからか、最近では娘も私たちの関係を怪しんでいるようです。

だから、もうこんな関係はやめなければ……と思うのですが、昼間に二人っきりでいると、ついセックスしちゃうんです。

女って、本当に愚かな生き物ですね。

スポーツジムで視姦される実母の姿に欲望が爆発した僕は勃起ペニスを……

小山裕司　大学生　二十一歳

先ごろ、大学の春休みで半年ぶりに帰省したときのことです。母が筋トレにハマっていたらしく、見違えるほどスタイルがよくなっていて驚きました。

「気づいちゃった？　もう三カ月もジムに通ってるのよ。体重も四キロくらい落ちてるし、裕司《ゆうじ》を産む前のボディラインに戻ってるんじゃないかしら」

おどけてボディビルのポージングをする母は、確かに四十三歳にしては若く見えました。とはいえ、もともとが肉づきのいい体型なので、お世辞にも痩せているとはいえないのですが……。

「へえ、よかったじゃん。でも、この近くにジムなんかあったっけ？」

「駅前にできたのよ。ちゃんと教えてくれる先生もいて、筋トレだけじゃなく食事の内容なんかも細かく教えてくれるの。ねぇ、あとで裕司もいっしょに行こうよ」

自分の雄姿を見せたいらしく、母はその場でスクワットをしはじめました。実際、身のこなしはかなり軽くなっているようです。健康的になって血色がよくなったぶん、肌の色艶《いろつや》も明るく見えました。

帰省して早々に運動かよ……。

内心で毒づきつつ、でも、久しぶりに会った母の笑顔を曇らせるのもいやだったので、渋々ながらつきあうことになりました。軽く食事をし、ひと休みしたあと、高校時代に使っていたスポーツウエアに着がえて、母の運転する車でジムへ向かいました。

なるほど、駅前に出ると、道路に沿って壁がガラス張りになったきれいなジムができていました。

「こっち、こっち」

母に促《うなが》されてビジター料金で受付をすませ、いったん別れてロッカー室へ。そしてさまざまな筋トレマシンの置かれたフロアで再び合流したのですが、そこにいる母を見た私は「嘘だろ？」と絶句してしまいました。

下半身は肌に密着したグレーのスパッツ、上半身はピンクのスポーツブラのみという、ほとんど裸みたいな格好だったのです。

若い女性がそういうウェアでトレーニングをすることがあるのは知っていますが、

四十路でムチムチ体形の母の場合は滑稽《こっけい》でしかありません。

見回すと、ジムはけっこう混んでいました。母は人目もはばからずにブリンブリンと肉を揺らして準備運動に励んでいます。

思わず口を開きかけた私は、とっさに作戦を変えて他人のふりを決め込み、常に母から隠れるようにしてマシンを試すことにしました。

ジムに来るのは初めてでしたが、見様見まねで取り組んでみると、どんどんおもしろくなってきます。これなら筋トレにハマる人が増えるのもわかると、次から次にマシンを替え、汗をかきはじめたときです。どこからか「あんっ……んんっ……あっ、うんっ……」とヘンな声が聞こえてきました。

ギョッとして顔を向けると、そこには座った状態で太ももに負荷をかけながら脚を開いたり閉じたりしている母の姿が……。横には指導員らしき三十代くらいの男がいて、「いいですよ小山《こやま》さん。効いてます。そう、もっと背筋を伸ばして」と、母の背中に手を当てていました。

「あと三回！　小山さん、ガンバ！」

「うんっ、ううんっ……も、もう……ああっ」

控えめに言っても、その響きはいわゆる喘ぎ声そのものでした。聞いているだけでこっちの顔が熱くなってきてしまいます。露出の多い見た目も加わって、息子の私から見ても卑猥なことをしているとしか思えなくなってくるのです。

母は首筋や鎖骨に汗をにじませ、上気した顔をゆがませて、太ももをブルブルとふるわせていました。さらに両腕を前で絞るようにして、胸をギュッと寄せていました。

そんなありさまだからでしょうか、心なしか、いいえ、まちがいなく、指導員は母のことを舐めるように見ていました。

スパッツがパンティラインを透かせているのは最初に見たときにわかっていましたが、あらためて見ると、動作によっては性器の形まであからさまになっているのです。

おいおい、勘弁してくれよ……。

自販機にでも行こうと顔をそむけて歩きかけたとき、そういう目で母を見ているのが指導員一人ではないことに気がつきました。周囲にいるほかの利用者の中にも、あきらかに母を視姦している男たちがいたのです。

母は、ほとんど四方八方から欲望の視線を浴びていました。

私にとってはただの親でしかない母が、ほかの男から見ると欲情を煽《あお》り立てる女で、しかもかなりの引きがあるという事実……。

いたたまれない気分になりながら、私はこのとき、自分の中にまったく別の思いがわき上がってきているのも感じていました。

それは、中学生時代にも感じたことのある、かなり特殊な衝動でした。

私が子どものころ、母は私の友だちの間で「美人」「セクシー」「エロい」と評判でした。バストが大きいこともあり、中学生になると「あんな母ちゃんだったら、俺ならヤッちゃうけどな」「裸とか見てんだろ？」「今度ヤラせてくんない？」などと言い出す者もいて、もともとはピンときていなかった私も、少しずつ母を客観的に意識するようになりました。

確かに、母親とさえ思わなければ、色っぽい女の部類には入るような気はしました。体つきはムチムチとしているのに顔立ちはシュッとしていて、そのギャップがいいという友だちの意見も、わからなくはありませんでした。

あるとき、友だちに頼まれて母の写真を隠し撮りしようとしたことがありました。携帯電話のカメラをひそかに向けていると、レンズを通した画面で見る母の太ももがものすごくイヤラしいものに思え、気がつくと勃起している自分がいました。

それ以来、ちょうど第二次性徴期だった私は、自分用に母を隠し撮りするようになりました。隠し撮りそのものにも興奮をかき立てられ、胸の谷間やスカートの中を狙ってレンズを向けているとき、無意識に股間をいじってしまうこともありました。

母に欲情するなんておかしいことだとはわかっているのですが、親子なんだし、別にいいかと意味のわからない理屈で自分を納得させて、ふざけたふりで母のスカートをめくったり、乳房をもんでみたりしたこともありました。

母は、そんな私に怒ったりあきれたりしてみせながら、内心では心配を募《つの》らせていたようです。ある日いきなり、私の股間のふくらみを見咎《みとが》め、「こういうときはどうしたらいいか知ってる?」と聞いてきました。

そして、幼いころに小便をさせてくれたのと同じように私のズボンとパンツをおろすと、実際に手でしごいて私を射精させたのです。「こうすればスッキリして、変なこと考えないですむでしょ?」と言いながら。

母としては、欲求の解消方法を教えれば、息子の迷いも消えると思ったのでしょう。考えたうえでの行動だったのだと思いますが、結果は逆の効果を生みました。

母にぬいてもらったときの快感が忘れられなくなった私は、またぬいてもらえるようにと、わざとイタズラを仕かけるようになったのです。

そのころになるとアダルトサイトなどでエロの知識もついてきて、単にスカートをめくったりさわったりするのではなく、母の性感帯を狙ってあざとく刺激するようにもなりました。

具体的には、着衣の上からではありましたが乳首を探して指で押したり、つまんだり、一度などは興奮に衝《つ》き動かされるままスカートの中へ頭を突っ込み、パンティの食い込んだところを舌でベロベロ舐め回したこともありました。

そのとき、母は「やめなさい！」と強く言って必死に抵抗しました。でも私は、両腕を太ももに絡めてがっちり固定し、グイグイと鼻を押し込むようにして、しつこく舌を動かしました。

「ちょっ、ちょっと……ダメッ……ああっ」

母がこの行為をどう受け取っていたかはわかりませんが、直後にぬいてもらったとき、私だけでなく母も息を乱していたのが印象的でした。

はっきり言って、母のこうした対応は、すべてまちがっていたのだと思います。

母の手で射精させられることに慣れ、そのことに罪悪感すら覚えなくなっていた私は、いつしか母とセックスしたいとまで思うようになっていました。

そして、ある日とうとう、母のパンティに手をかけることになったのです。

「ゆ、裕司っ……ちょっとあんた、何してるの！」

バランスを崩して絨毯の床で尻もちをつき、私が引っぱりおろそうとするパンティを、両手で押さえる母の抵抗は本物でした。

「私たち親子なのよ……わかるでしょう？　親子でこういうことは、できないの」

母の言っていることはもちろん理解できました。でも、興奮と欲望で頭に血が上ってしまっていた私は、どうしても自分を抑えられませんでした。

強引に、ゴムが引きちぎれそうになるほど長くパンティを引き伸ばし、ついに母の陰毛が見えると、一気に首を伸ばして、股間に鼻と唇を押し込みました。

「ひいっ……だ、ダメッ！」

モジャモジャとした感触の向こうにニュルッとした何かがあり、ひるんだ私はいったん顔を引っ込めました。そして、今度は上半身に興味を向けました。

このときの母は白いVネックのサマーセーターに紺のスカートという格好で、サマーセーターを下に引っぱると、Vネックのところから簡単に胸の谷間が見えました。

私はパンティから手を離し、そのまま乳房を露出させようとしました。

「いい加減にしなさい、裕司！」

母は二つの前腕を胸の前で縦に合わせて、私の狙いを阻止しようとしました。私は母の手首をつかんで左右に開き、そうしながら胸の谷間に顔を押しつけていきました。

頬に乳房の弾力を感じ、ますます興奮した私は、顎を使ってVネックをさらに押し下げ、歯でブラジャーのカップをずらしました。

濃茶色の乳輪が見えると、すかさずそこへ向かって舌を伸ばし、獲物に食らいついた犬のように首を振って、ついに乳首に吸いつきました。

「あっ、あはあっ！」

母がビクンと背筋をそらせました。

ジャージの中でパンパンにふくらんだ私の性器と母の股間がこすれ合い、ゾクゾクッとするような快感を覚えた私はうなり声をあげ、無意識に腰を動かして、より強い快感を味わおうとしました。

「ダメッ……ダメよ……絶対にダメッ！」

両手を絨毯に押しつけられている母が、すごい力でブリッジをして、私を横に跳ね飛ばしました。私はくじけず、すかさず再び跨《また》がって、今度はサマーセーターを裾のほうからまくり上げました。

ブラジャーから乳房をはみ出させた母の胸が露《あらわ》になり、私は夢中でそのふくらみをもみたくりました。一度してみたくてたまらなかったことでした。

「ああっ、あああぁっ！」

またビクンと反応した母が「はあんっ」と鼻から抜けた息を洩らし、少し抵抗を弱めたように見えた瞬間、私は、突然思いついた言葉を口走っていました。

「ヤラせてくれないなら、別の誰かを襲うよ?」

本気ではありませんでした。言ったそばから自分の言葉のあくどさに罪悪感を覚えてもいました。だから、ここで母が私の言葉を無視してなおも抵抗したり、あるいは私を引っ叩いたりしていれば、きっとヤル気を失っていたはずでした。

でも、母はじっと私を見つめたあと、「一度だけだよ……約束だからね」と全身の力を抜いたのです。

このあとのことは、実を言うとよく覚えていません。

というより、わざわざ書き記すほどの内容がないのです。

私はその場で母とセックスをしました。初めてのことで、どこに入れたらいいのかもよくわからず、母に手伝ってもらって挿入しました。

母の中は熱く、濡れていて、腰を動かすとたちまち快感が込み上げました。

それまで何度も繰り返してきた想像の中では、もっといろいろなことをしていたような気がするのですが、腰を動かす以外に何をすればいいのかわからず、無心に同じ動作を反復していました。

その間、母はずっと黙っていました。そして、そのまま三十秒くらいがたったとき、不意に体を上にずらして、私のものを自分の中から抜いたのです。

「中で出したら妊娠しちゃうからね。そういうつもりのない相手とするときは、ほんとうに気をつけて、まちがいのないようにしないとダメだよ」

そう言って、いつものように手を使って私を射精させました。

なんとなく残っている記憶では、こういう感じだったと思います。

私にとって、この体験は後味のいいものではありませんでした。むしろ忘れてしまいたい記憶で、だからその後も思い出したりすることはほとんどありませんでした。

そしてこの出来事をきっかけに、私はようやく母への性的な興味を失ったのです。

ジムで視姦される母を見たとき、私の中に込み上げてきた衝動とは、まさにこの中学生時代に芽生えたのと同じ強烈なムラムラ感でした。

ずっと忘れてたのに……。

高校、大学と進んでいく中、私が経験した恋愛は、ごく普通のものでした。ただ、よく思い返してみると、相手はほとんどが年上でした。

初めての交際相手は塾の先生で、高一のときに強引に迫ってものにしました。

ベッドインしたとき、先生から「君の場合、強引さがかわいく見えるんだよね」と言われたのをよく覚えています。交際は一年ほどで終わってしまいましたが、当時二十代の半ばだった先生に言われたその一言は、私という人間をよく表しているような気がして、いまでもよく思い出します。

高校生時代の後半には同級生ともつきあいました。このときは先方からアプローチしてきてくれたのを受け入れた格好だったのですが、途中で私が浮気をしてしまい、それがバレて別れることになってしまいました。

浮気の相手は、アルバイト先のスーパーで知り合った四十代の人妻でした。やはり私がグイグイ迫り、なし崩し的にセックスしてから半年ほどもズルズルと肉体関係を続けました。同級生の彼女とも定期的にセックスをしていましたが、私にとってより興奮するのは、断然、人妻とのセックスでした。

大学に入ってからも一人、社会人の女性と仲よくなって、彼氏彼女ではありませんが、いわゆるセフレの関係を続けました。先輩に連れられて入ったスナックのホステスで、昼間はOLをしている三十代の人でした。

この女性からは「あんたは年上にモテるタイプだよ」とはっきり言われ、実際にかなりよくしてもらいました。飲み代を安くしてもらったりすることから始まり、性の手ほどきを受け、どうすれば女を悦ばせられるのかということを実地に教えてもらいました。

こうして見ると、私の女性遍歴は少し偏っているような気もします。それに、高校時代につきあった同級生も含め、これまでセックスをしてきた相手は、いずれも母と同じく肉感的な女性ばかりでした。

やはり、母とした初めてのセックスが私の深層心理になんらかの影響を及ぼしているのでしょうか。私自身にははっきりとした自覚がなく、これに関してはよくわからないとしか言いようがないのですが……。

話を戻します。その後ジムにいる間、私はかたくなに母のほうを見ないように努めました。しかし、母は帰宅してからもまだ運動し足りない様子で、家の中でも例の格好のまま、自重での筋トレを始めました。

たぶん、スタイルのよくなった自分をしっかりと息子の目に映して自慢したり、ほめてもらったりしたかったのだと思います。

過去の女性遍歴にも表れているように、私は自分の欲望に忠実なタイプです。というより、我慢ができない性格なのだと思います。自制する気持ちもあることはあるのですが、腕立て伏せをする母のお尻を見ていると、蘇《よみがえ》ってきた中学生時代の衝動がより強くなってくるのを感じないではいられませんでした。

そのとき、腕立て伏せを終えて腹筋運動を始めた母が「ねぇ、ちょっと足押さえてくれる?」と声をかけてきたのです。いまにして思うと、その瞬間にはもう、このあとに起きることが運命のように定まってしまった気がします。

母の足を押さえ、繰り返し迫ってくる母の乳房を見つめるうち、私の性器はどんどん硬く、大きくなっていきました。かつての後味の悪さを思い出してさえ、私はジムにいた男たちと同じように母を視姦し、「ヤリたい」と思っていたのです。

「あんっ……うんっ……ああっ……」

悩ましい声が頭の中で鳴り響き、熱い吐息が顔にかかりました。そして母の視線が私の下腹部に向けられ、勃起を悟られたのを感じた刹那、私は母の体におおい被さっていました。

やってしまったという苦々しさと、一秒でも早く欲望をかなえたいという思い、またこんな自分を母に止めてもらいたいという気持ちと、このまま甘えさせてほしいという期待が、私の中で複雑に絡み合っていました。

やはり、単なる年上の女性と母親とでは何もかもが違います。一秒か二秒か、それくらいの短い間、私は全神経を研ぎ澄ませて母の反応をうかがいました。

母は、いっさいの抵抗をしませんでした。それどころか、「あぁっ……」と深い吐息を洩らし、全身の力を抜いたのです。

私は母のスポーツブラを上にずらして、露になった大きな乳房に顔を埋《うず》めました。

そうしながらスパッツ越しに母の性器を指で何度もなぞりました。

目の前の乳首はピンッとしこってとがり立ち、スパッツ越しにもわかるほど、性器は熱く濡れていました。

母さん、どうして……？

そう聞きたい気持ちを押さえつけ、私は乳首を舐め吸いしながら、片手を使って自分のはいていたジャージとパンツをおろしました。それでも母は拒否の反応を見せませんでした。

私は母の乳首を甘噛みしながら片手でもう一方の乳首をコネ回し、余った手をスパッツの中にすべり込ませて、パンティ越しにクリトリスの突起を引っかきました。

「んはうっ！」

感じているらしい母が甘い声を洩らし、骨盤をクイクイと傾けました。そして同時に、腕を伸ばして私の勃起を握ってきました。

私のそれは、先走り汁でヌルヌルになっていました。

ほかの女性が相手であれば何か話しかけたりするところですが、言葉を交わせば親子の関係性を強く意識することになってしまいそうで、何も言えませんでした。

代わりに、唇を乳首から離してお腹にキスをし、スパッツとパンティを脱がせつつ徐々に舐めおろしていきました。

「ああっ、そ、そこっ……気持ちいい！」

クリトリスを舐めながら膣の中に指を入れると、母がこらえきれないと言うように叫び、私の頭を手で押さえてきました。汗の匂いに混じって少しすっぱい匂いがし、ますます興奮した私は体の向きを替えてシックスナインの体勢になりました。

過去、母にフェラチオをされたことは一度もありませんでした。少し緊張しながら待っていると、すぐに勃起が母の口内に含み込まれました。

頬に触れている太ももがブルブルとひきつり、勃起が強い力でバキュームされました。

「むぅ……んんっ……」

親子で性器を舐め合うなんて……禁忌の念が頭の隅をかすめましたが、それよりも遥かに強い快感が、かすかに残った理性を一気に押し流していきました。

どれくらいの時間そうしていたのか、気がつくと、私は正常位で母とつながり、腰を動かしながら口づけを交わしていました。

すべてが自然なことでした。混じりけのない一体感の中、私は母と舌を絡め合い、いっしょに昇り詰めていきました。

日が暮れかかるころで、明かりをつけていない部屋の中は薄暗くなっていました。その中で、二人の吐息と、クチュクチュという湿った音が静かに響いていました。

汗ばんだ胸同士が密着し、ヌルヌルとして、互いの境界線をなくしていました。

生のままの勃起が灼熱の襞をこすり回し、いちばん奥のコリッとしたところを突き上げると、膣壁全体がキュウッときつくすぼまり、同時にピクピクとわななきました。

やがて母が「イクッ……あぁっ、イクッ!」と絶頂の声をほとばしらせ、私を強く抱き締めてきました。

私は落ち着いてさらに数分、母をていねいに責め立てました。そして母が二度目の絶頂に達したあと、すばやく勃起を引き抜いて、精液を母のお腹にかけました。

この帰省中、私は母と毎晩のように交わりました。「こんなことをしていていいのか」と思わなかったわけではありません。でも、なんとなく物欲しそうな母を見ていると、それが色気としか感じられなくなってきて、つい後ろから乳房をもみしだいていたり、スカートの中に手を入れてしまったりしていました。

母もそれをいやがらず、その都度敏感に反応して、はっきりと悦びを伝えてきてくれました。そして、行為を重ねれば重ねるほどに、少なくとも私が抱える罪悪感はどんどん薄まっていきました。

あえて書かずにいましたが、うちには不在がちの父がいます。仕事の関係で海外出張が多く、正直言って、私にとってはほぼいないも同然の人です。

経済面ではお世話になっているものの、子どものころを含めても、かわいがってもらった記憶がなく、私にとってほんとうに親と呼べるのは、感覚的には母しかいません。だから、父がいないことはあたりまえの状態で、それをつらいと思ったこともありませんでした。

でも、母は淋しかったのではないでしょうか。特に、私が大学へ行くために一人暮らしを始めてからは……。年上の女性と交際してきたからわかることですが、四十代といったらまだまだ女の盛りです。そういう時期に誰からもかまってもらえないというのは、ひどく残酷なことだと誰かが言っていたような気がします。

そもそも母が筋トレを始めたのも、もう一度女としての自信を取り戻したかったからではないかと思うのです。ジムであんな格好をしていたり、妙にハイテンションだったり、私との行為を受け入れたりしたのも、すべてそういうことなんじゃないかと思います。

これは私の推測であって、もしかしたら単なる自己弁護なのかもしれません。ただ、欲望に忠実な私自身の性格を考えると、もしもお互いに傷つくことがないのだとすれば、そして周囲にバレさえしなければ、こういう関係も悪くない、むしろいいことなんじゃないかとも思わないではないのです。

この一件からふた月ほどがたち、つい先日荷物を送ってもらったお礼に電話をかけたところ、母は相変わらず例のウェアでジム通いを続けているとのことでした。

「最近、腰にくびれができてきたの……次の連休、見に来れば？」

あんまり周りの男を挑発するなよとあらためて注意したいところでしたが、母のそういうところも好きなので、あえて言わずに遊びにいく約束をした私です。

〈第二章〉

母親の熟れた女穴に魅了される男の性

美しい母の自慰行為を目撃してしまい熟れたマ○コに濃厚ザーメン生発射！

鈴村一翔　事務員　十九歳

父は私が幼いころに事故で亡くなったため、ほとんど記憶に残っていません。

母は女手ひとつで私を育ててくれました。楽ではなかったと思います。フルタイムで小規模な輸入会社で事務職を務め、夜は近所のコンビニで週に三日のアルバイトもしていました。

子どものころは留守番が多く淋しい思いもしましたし、もっと家にいてほしいとわがままを言ったりもしましたが、大人になってからは、自分のプライベートの時間をまったく放棄して私を育ててくれたことが理解できるようになり、母には感謝しかありません。

母は、息子のひいき目を抜きにしても美人だと思いますし、それなりに誘いもあっただろうと想像できるのですが、ずっと自分の恋愛は棚上げにしてきたようです。

そろそろ母も、自分の恋人を見つけてもいいころだろうと思うようになりました。私も高校を卒業して働きはじめましたし、何年かすれば家を出ることもあるかもしれません。母にも自分の幸福を見つけてほしい。実はそのころ、私に初めての彼女ができたこともあって、自分だけが満たされる罪悪感から、母にも誰か相手がいればいいのにと考えたのかもしれません。でも、母にそんな話をしてみても、笑って相手にしてくれませんでした。

そして、そんなあるとき、私は母が風呂場でシャワーを浴びながらオナニーしている現場を目撃してしまったのです。

その日は深夜勤務の予定だったのですが、シフトに変更があって帰宅できることになりました。母がオナニーにふけっていたのは、私が帰るとは思っていなかったからでしょう。

浴室の前に立った私の耳に、母の押し殺した喘ぎ声が聞こえました。すりガラスに映るシルエットからも、母のオナニーははっきりと見て取れました。

そのときの自分の行動が信じられないし、うまく説明もできないのですが、私は込み上げる激情に任せて、浴室のドアを開けたのでした。

美しい母の裸体が、手を伸ばせば届く目の前にありました。驚愕にゆがむ母の表情が私の嗜虐欲《しぎゃくよく》をそそります。

「お母さん！」

私は、無我夢中で母を抱き締めました。出しっぱなしのシャワーが私のスーツをびしょ濡れにしましたが、どうでもいいことでした。

「ちょっと、やめなさい、やめて！」

母はもがき、私を押しのけようとしましたが、非力な女性の力に負けるわけがありません。

「お母さん、いま、自分でしてたんだろ？　だったら、俺としようよ？」

私はそう言いながら、さらに母を強く抱き締めました。

「何を言ってるの？　自分が何を言ってるか、わかってるの？」

言い募《つの》る母の顎をつかんで顔を上げさせ、私はその唇に自分の唇を押しつけて黙らせました。

「んんん……！　んむぅ……！」

柔らかい唇でした。私は音を立てて母の甘い唾液を吸いました。

「ねえ、ほんとうにやめて……酔ってるの？　お酒飲んでる？」

もちろん飲んでなどいません。私はそもそも未成年ですし、お酒を飲む習慣がないことも母は知っているはずなのです。

「飲んでなんかいないし、酔ってもないよ。そんなふうに人を正気じゃないみたいに言うのはやめてよ」

私はそう言いながら、腰に回した手で母の尻をつかみ、もう一方の手で胸をつかみました。

「ああ！」

母が悲鳴をあげて身をすくめました。

「……だって、だって、こんなの正気じゃないわ！」

私はついカッとなって母の頬をはたきました。母に手を挙げたのは、あとにも先にもそのときだけです。

母は黙り込み、一拍置いて、わっと泣き出しました。憐《あわ》れみを誘う姿でしたが、火がついてしまった私の欲情を抑え込むには至りませんでした。

私はあらためて母の裸身を抱き締めると、もう一度キスをしました。舌を差し入れる本気のキスです。唾液とともに母の涙が私の口に入り、塩味が舌を刺激しました。

私はキスを続けながら、股間に指を向けました。割れ目に添って中指を這わせます。オナニーの最中だった母の女陰は粘液にまみれていて、ぬるぬるしていました。

「あ、ああ……」

母の嗚咽《おえつ》に快感の喘ぎが混じるのを、私は聞き逃しませんでした。

「気持ちいいんだろ？　お母さんだってしたいんだろ？」

私は中指で陰唇をかき分けて、膣口にふれました。

「違う。そんなんじゃないから……」

弱々しく首を振る母でしたが、膣口からは新たな愛液がにじみ出しています。私は指先に力を込めて侵入させました。ほとんど何の抵抗もなく中指が根元まで一気に呑み込まれました。

「ああ！」

ビクンと背筋をのけぞらせた母の甲高い悲鳴は、明らかに快感の喘ぎでした。

私はたまらなくなって、母の体を抱き寄せ、その胸に顔を埋《うず》めました。乳房をもみしだき、乳首に吸いつきます。

口の中で乳首に舌を絡め、力を込めた舌先でいじります。母の乳首が充血して硬くなるのがわかりました。

私に授乳してくれた乳首です。もちろん記憶にはありませんが、かつて幼い私を育てた母乳がここから供給されたのです。そう思うと、どっと愛情が込み上げました。

私は夢中になって、ちゅうちゅうと音を立てて母の乳首を吸い立てました。

「ああん……」

すでに母は抵抗をあきらめて、されるがままになっていました。乳房への愛撫と同時に、股間への愛撫も続けていました。

中指を出したり入れたりし、膣内部の肉襞をかき回し、肉壁をこすりました。

最近、彼女を相手にセックスを覚えたばかりの私でしたが、彼女のものと母のものでは、同じ女性器でもずいぶん違うものだと思ったものです。

肉の感触というのか、弾力も柔らかさも深さも全然違いました。どちらがどうとうまく言葉では表現できませんが、同じ人類の同じ器官とは思えないほどの違いでした。

どうやら、顔や性格がどれひとつとして同じものがありえないのと同じように、性器も千差万別のようでした。

そこを見たい、と私は思いました。

「お母さん、見せて」

私はそう言うと、母の返事を待たずにその場にしゃがみ込みました。母の股間を見上げる格好で床に座り込み、母の右腿を持ち上げて肩に担ぎました。

眼前に、母の女陰がありました。十九年前に私をこの世に産み落とした生殖器です。

「いや、やめて。そんなとこ、見ないで……」

あわてて隠そうとする母の手を払いのけて、私は身を乗り出してそこを凝視しました。

感触だけではなく、見た目も彼女のものとは全然違いました。陰毛の濃さからして違います。

彼女は脱毛でもしているのか、頼りなくしょぼしょぼと狭い範囲を縁取る程度でしたが、母の陰毛は黒々と生い茂っています。

もちろん肝心の中身も違います。彼女の全体的に薄ピンクの頼りなげな粘膜ではなく、母のアソコはしっかりと色素沈着に黒ずみ、その奥にひそむ膣口だけがピンクでした。

色素沈着は女性ホルモンの多さの証《あかし》です。まだまだ女として現役という意味でもありました。

そんな女盛《ざか》りの母からセックスの快楽を奪った自分の存在の罪深さを、あらためて自覚しました。罪滅ぼしにできることは、私がその快楽を与えることでした。

「お母さん、俺と、セックスしようよ」

私はもう一度そう言うと、伸び上がって母の股間に顔から突っ込みました。アソコを舐めしゃぶるためです。

むっと女の性臭が匂い立ちました。割れ目に押し当てた鼻面を陰毛がくすぐります。私は唇全体で陰唇にキスして、甘噛みするように周辺の肉を口に含みました。舌先の感触を頼りにしてクリトリスを探ります。

「ああ、あうぅうんん……！」

母が敏感に反応して、私の頭をつかんで背筋をのけぞらせました。その拍子にフックからはずれたシャワーヘッドが床に転がり、お湯をまき散らしました。

私は乳首に吸いついたのと同じようにクリトリスに吸いつきます。ちゅうちゅうと音を立てて吸い上げ、口の中に含んだクリトリスに舌先を絡ませていじりました。

「ああ！　それ、だめ。刺激、強すぎ……」

腰の引ける母でしたが、私は母の尻に腕を回して抱え込み、逃がしませんでした。

私はもう一方の手を再び股間に向かわせ、あらためて膣口に指を挿し入れて膣内で暴れさせました。

「ああ、もうだめ。イク、イッちゃう……！」

オナニーで快楽の土台が出来上がっていた母が絶頂に達するのに、時間はかかりませんでした。

「あああああ！」

ひときわ大きな声をひと声あげて、ビクンと棒を呑み込んだように直立したかと思うと、母はがくがくと全身をふるわせながら、その場にへたり込みました。

脱力する母を尻目に、私はお湯をまき散らしつづけるシャワーヘッドを拾い上げて架台に戻し、蛇口を閉めました。

すっかり水びたしになったスーツを脱ぎ、シャツもズボンも脱ぎました。まとめてクリーニングに出さなければいけないなと頭の隅で思いながら、私はその場で全裸をさらして母に向き直りました。

意図を察して、母が息を呑みました。

「ねえ……もうこんなことやめよう？」

母は涙目でそう言いましたが、素直に言うことを聞く気は毛頭ありませんでした。

「イッたみたいだけど、そんなイキ方じゃあ、オナニーでイクのと変わらないでしょう？　俺はお母さんを、ちゃんとセックスでイカせたいんだ」

私の完全に勃起状態のペニスを、母の目の前に見せつけました。

羞恥心がないわけではありませんでしたが、母が赤面して目を伏せてくれたおかげで、逆に誇らしさを感じて、平気でいることができました。

「さあ、入れようよ。セックスしよう」

私は座り込んだ母の前にひざまずいて、その脚を開かせました。母は弱々しく抵抗しましたが、すでに形ばかりの抵抗でした。

私たちの顔が近づき、目と目が合いました。こんなに間近に母と見つめ合ったのはいつ以来でしょう。

「ねえ、いまならまだやめられる。最後の一線はまだ越えていないんだから。だから、考え直して。お願いだから、正気に戻って……」

私の目を見ながら母が言いました。その真摯《しんし》な瞳が私を我に返らせました。熱くたぎる熱情が、少しだけクールダウンしたようでした。

私はどうすればよかったのでしょう。母の言うとおり、そこで中断すればよかったのでしょうか？　どちらの道を選択しても、きっと後悔するんだろうなと思いました。したらした後悔、しなかったらしなかった後悔です。

どうせなら、やるだけやってから後悔したほうがいい。数秒の躊躇《ちゅうちょ》の末に、私はそう結論しました。

私は母から目を逸らし、その股間だけを見るようにして、両脚を抱え込んで勃起したペニスを女陰に向けました。

「だめ！　やめて……」

母の最後の抵抗で、狙いがなかなか定まりません。亀頭の先端と陰唇がこすれ合って湿った音を立てますが、挿入には至りません。

「お母さん！　動かないで！」

私は母の顔に目を戻して言いました。

「頼むから、俺のやりたいようにやらせてよ！」

はからずも大きな声が出てしまいました。駄々っ子のような恫喝《どうかつ》でした。母が絶句して抵抗が止んだすきを、私は見逃しませんでした。

ペニスに手を添え、そのまま先端で陰唇をかき分けて膣口を突破しました。腰に体重を乗せて、一気に突き入れます。

先ほどの絶頂で、愛液はまだにじみ出しつづけ、膣内の肉は柔らかくほぐれています。何の抵抗もなく、ペニスは膣内最奥部まで深々と呑み込まれました。

「あぁあああ！」

虚を突かれた母が大きく喘いで、のけぞります。

私は母の腰を抱え込み、自分はその場に胡坐《あぐら》をかいて尻を落ち着けました。座位の体勢です。

「ああ、やっちゃった……入れちゃった。だめだって言ったのに。ああ……」

母が新たな涙を目に浮かべながら、私を責める口調で言いました。

でも、叱責《しっせき》に続く母の喘ぎは明らかに甘い媚を含んでいて、その甘さが私の胸を熱くし、ペニスをさらに硬くさせるのでした。

「ああ、すごく大きくて、深い。それに、すごく硬い……」

母が身をよじって膣内のペニスを受け止めます。込み上げる快感が母を屈服させる様子が見て取れました。大きな達成感と満足感がありました。

それと同時に、私は早くも後悔しはじめていました。やってしまった。とうとう母のアソコに突っ込んでしまった。人の道にはずれることです。

せっかくできたばかりの恋人に合わせる顔がありません。また、明日から母とどんな顔をして親子関係を続ければいいのでしょう。

「ああ、気持ちいい……」

母の甘いつぶやきで我に返りました。いまここで後悔してなんになるでしょう。私はペニスを膣内の肉襞になじませるように、両手を添えて母の腰を前後左右に動かしました。

「ああ、それ！　感じるところに当たる……」

私が誘導するまでもなく、母の腰が自分で動きだしました。私の胡坐の上で、母が円を描くように尻を振ります。

浴室壁面にある鏡に、私たちの姿が映っていました。結合部もよく見えます。母の尻の逆ハート型を私のペニスが貫いて、それが出たり入ったりする様は、とても煽《せん》情《じょう》的な光景でした。

「ほら、お母さんも見て? 鏡に映ってるよ」

母が肩越しに振り返って鏡を一瞥《いちべつ》すると、あわてて目を逸らしました。

「いや。恥ずかしいこと言わないで。意地悪しないでよ」

母がまた泣き出しそうになりながら言いました。

「気持ちいいんだろ? 恥ずかしがることないじゃないか」

嫌々というように母が首を横に振ります。母は本気で恥ずかしがっているようでしたが、だからといって快感を放棄するつもりはないらしく、相変わらずペニスを深々と膣内に咥え込んだまま、腰をくねらせ、尻を振り立てているのでした。

それも無理はありません。母にとって何年振り、いえ、十何年振りのセックスなのです。もしかしたら私を身籠《みごも》って以来、初めてのセックスではないでしょうか。忘れていた快感に夢中にならないわけがないのです。

そんな母を、とてもかわいいと思いました。私は母の後頭部をつかんでこちらを向かせ、その唇にキスをしました。

今度は母もこたえてくれました。私たちは唇を押しつけ合い、舌を絡ませ合って、お互いの唾液を飲み合いました。

私はたまらなくなって、身を起こして母の体を床の上に押し倒しました。正常位の体勢で自由になった自分の腰に体重を乗せて、膣内にペニスを突き入れます。蹲踞《そんきょ》の体勢でのピストンでした。

「ああ、それもいい、気持ちいい！　すごい……」

下腹部を叩きつけるような力強いピストンで、結合部から溢れ出す母の愛液がじゅぷじゅぷと泡立ってこぼれます。

「ああ、ああ、また、イッちゃいそう……！」

私の下で母が身をくねらせて喘ぎます。母の白い肉体がうねる様はとてもいやらしく、私の熱情をさらに募らせました。

「イケよ。俺、お母さんをイカせたいんだよ！」

私はそう言うと、さらに勢い込んで、強く深く母の膣内にペニスを突き入れるのでした。

「ああ、イク、イク、イクよ……！」

母の絶頂はもう目の前でした。ともすればよろめいて尻餅をついてしまいそうな、きつい体勢でしたが、壁に手を突っ張ってなんとか踏みとどまり、スパートをかけました。

「あああああああ！」

母がまたひときわ大声を出して、背筋をのけぞらせたかと思うと、ビクンビクンと断続的に全身を痙攣させました。

私が母の膣内に向けて大量の精液を発射したのと、ほとんど同時だったと思います。

「ひいっ……ひいっ……！」

すでに母の喘ぎ声は喉の奥に呑み込まれ、しゃっくりのような息づかいだけになりました。

私は首尾よく母を絶頂に追いやることができたようでした。満足感が胸を満たし、もう後悔はありませんでした。

でも母は、そういうわけにはいかないようでした。

脱力した母の体が冷えはじめていたので、私は抱きかかえていっしょにバスタブにつかったのですが、母はいろいろと思うところがあるようでした。

「どうするの？　こんなことになっちゃって……」

湯に体を浸《ひた》しながら母が言いました。私は言葉もなく、ただ黙り込んでいました。

私はなんと言えばいいのかわかりませんでした。いまもわかりません。

それ以来、母との関係は続いています。

週に一度は、私が誘います。寝ている母の寝室に忍んでいくこともあれば、キッチンに立つ母を背後から抱き締めて、リビングのソファで事に至ることもあります。

結局、私は恋人とは別れ、家を出ることも考えなくなりました。もちろん、道にはずれたことをしているんだという自覚はあります。

でも、罪の意識は私よりも母のほうがあるようで、たびたび罪悪感を口にします。私の人生を邪魔して申し訳ない、というようなことを言って泣くことさえあります。

私もいつまでもこんな関係が続けられるとは思ってはいません。でも同時に、これこそが、子どものころからずっと夢見ていた生活のような気もしているのです。

幼いころから、私はきっと母の恋人になりたかったのかもしれません。

夜中に忍び込んできた欲求不満の継母
優しく童貞を奪われた淡い想い出……

西木大輔　会社員　三十八歳

これはおよそ二十年前、私が高校生だったころの体験です。

私が十七歳のときに、バツイチの父親が再婚しました。佐和子《さわこ》さんという名前の新しい母親は四十三歳で、会社の同僚だったという話でした。

佐和子さんを初めて紹介されたとき、大きな胸と柔らかさを感じさせる体つきに目を奪われてしまったのは、若い男として仕方がないことでしょう。無造作に後ろでまとめた髪や黒目がちな瞳、濡れたような唇も印象的でした。

そんなととのった顔と体つきが相まって、なんともいえない色っぽさのある新しい母親に、驚くと同時に困惑もした私です。

一人息子の私は、物心ついてから父親との二人暮らしで女っ気のない生活でした。そこに、魅力的な女性が突然家にいるようになったのです。さらにいえば、私の通っていた高校は男子校で、女性とはほとんど接点がありませんでした。正直に言って、彼女とどう接すればいいのか不安を感じたのです。

実際、会社をやめて専業主婦となった佐和子さんとの暮らしは、ぎこちないスタートを切りました。血のつながりのない彼女を、母親と扱うべきか一人の女性として見るべきか迷いましたが、そのうち慣れるだろうくらいに私は思っていました。

なにより私は、目の前に大学受験を控えていて、それ以上、佐和子さんのことを考えたくなかったのです。志望校にさえ受かってしまえば、家を出て一人暮らしするつもりでしたし、そう思えば彼女と同居する時間も大して長くはありません。

ところが、もとからの人見知りしない性格によるものか、彼女なりに義母としての義務を果たそうと思っていたのか、佐和子さんはなにかと私にかまってきたのです。

そんなときの私は、照れもあって、あえて素っ気なく接していた記憶があります。それでも、佐和子さんは気さくに私に話しかけ、世話をしてくれました。

こうなると、どっちつかずの気持ちのまま、佐和子さんを意識せざるをえません。そんな中、彼女を見る目が女に対するそれだったと、自覚させる出来事に遭遇したのです。

ある夜、受験勉強がひと段落してベッドに入ったもののなかなか寝つけず、水を飲みに台所に立ったときのことでした。夫婦の寝室のドアの向こうから、何かを話し合う小声が聞こえてきた気がしたのです。ある予感がして、思わず忍び足になった私は、ドアに近づき耳を澄ましました。

最初こそ低い笑い声とともに何か世間話を交わしていたようでしたが、すぐに会話は沈黙に変わりました。寝ちゃったのかな、と一瞬思って立ち去りかけたそのときです。佐和子さんのか細い声が聞こえました。続いて、ベッドの上で体が動き布団がふれ合う、ごくかすかな音がします。

(!?)

息をひそめた私の耳に、佐和子さんのかすかな喘ぎ声がドアの向こうから洩れ伝わってきました。もはや、何が行われているかは明らかです。

私の頭の中で、父親に抱かれている佐和子さんの表情が浮かびました。

想像してはいけないことを想像してしまった罪悪感と興奮に襲われた私は、そっと自室に戻りましたが、なかなか寝つけません。

結局、その夜は二回も自分で慰《なぐさ》めてやっと眠りにつきました。

翌朝、寝坊した私を起こしにきて、朝食を用意してくれた佐和子さんは義母の顔でした。けれど、いつもの笑顔と昨夜の想像の中の彼女が重なって、後ろめたさで私は目を背けてしまいました。このとき、私は佐和子さんを母親ではなく一人の女性と見ているのだと、はっきり知ったのです。

それ以来、開き直ったわけではありませんが、性欲まみれの高校生だった私は、彼女をオナニーのオカズにすることがふつうになりました。

佐和子さんと父との営みの声をまた聞くことができないかと、深夜物音を立てないよう注意して、夫婦の寝室の前に近づいたのも一度や二度ではありません。一方で、それまで避けていた佐和子さんを、もっと知りたいという感情が強まりました。

そのころ、父は仕事が忙しくなり家を空けることが多くなりました。せっかく結婚したのにねと、何かの拍子に彼女がさびしそうに苦笑したことを覚えています。

ともかくその情況は、私と佐和子さんが二人きりで過ごす時間が多くなったことを意味しました。自然に彼女は以前にも増して、なにかと私にかまうようになりました。

たとえば、私が部屋にこもって受験勉強をしているときも、毎晩のように差し入れを持ってきてくれるようになったのです。それだけならありがたいのですが、たまに私の勉強の内容をのぞき込むふりをして、さりげなく肩越しに顔を近づけてくることもありました。

その際、息づかいとともに彼女の胸の先端がふれてしまうことがあり、そうなるともう勉強どころではありません。

また、ふだんも「これって、ちょっと若作りかしら？」などと言いながら、胸元の緩い服や、体のラインが出るようなぴったりとした服を着て、見せつけてきたりもしました。ときには、着がえ中の下着だけの姿で、ウロウロと私の前を歩き回ったりしたこともあります。

そんな夜は当然、オナニーをしなければ寝つけませんでした。あの晩、耳にした佐和子さんの喘ぎを思い起こし、体や反応を想像して興奮を鎮めていたのです。

あとで思うと、どうやら彼女は思春期の私を性的に刺激して、楽しんでいるようでした。私の反応に刺激を受けて、自分自身で夫のいない欲求不満をおさめていたに違いありません。

いわば、この時点ですでに、私たちはお互い求め合っていたと言えるでしょう。

うすうすそんなことに感づいていた私ですが、それでも佐和子さんに手を出そうとはけっして思いませんでした。

一つは、これが自分にとって都合のいい妄想だろうと思いこんでいたからです。また、血はつながっていないとはいえ、やはり母親だということがブレーキになりました。なによりも、それまで女性と縁がなかったことで、どのようなタイミングでその段階に進めばいいのか、私には想像さえできませんでした。

けれど、やはり妄想ではなかったと知る出来事が、すぐに起きました。きっかけを作ったのは、佐和子さんのほうです。

ある秋の日のことです。例によって父親は仕事で家を空け、私と佐和子さんは二人で夕食を摂《と》りました。そのあと、私は居間の二人がけソファでぼんやりとテレビを見ていたのです。といっても番組の内容は、あまり頭に入りませんでした。なぜなら、佐和子さんが食事後にすぐ、浴室に向かったからです。

そのころになるともう、この義母をオナニーのオカズにすることが日常的になっていました。当然、彼女が入浴中となるとその裸体を想像し、就寝前に妄想にふけることになるのです。ですから、視線はテレビに向いていても頭の中はそのことでいっぱいになっていました。

やがて、髪を乾かすドライヤーの音に続いて浴室のドアが開く気配が伝わり、私はテレビを消しました。そのころの私は、風呂上がりの彼女がネグリジェ風の寝間着に着がえるまでの間に、できるだけ自分の部屋に戻るようにしてました。

まだ多少の後ろめたさは残っていたのでしょう、直前までの妄想に気づかれる気がして、風呂上がりの佐和子さんの顔を真っ直ぐに見ることができなかったからです。できるだけ、言葉も交わしたくなかったのです。

ところがその日は、いつもどおりソファから立ち上がろうとしたところで、居間のドアが開いたのです。いつもなら、着がえのための数分の間があるはずなのですが……。

(え!?)

振り返った私は目を見はりました。佐和子さんはふだんの寝間着ではなく、バスタオル一枚を体に巻いただけだったからです。

反射的に目を逸らした私ですが、一瞬の間に風呂から上がったばかりの義母の姿が脳裏に焼きつきました。生地がピッタリと張りついた体のライン、剝き出しの白い脚に、私のドキドキは急激に強まりました。

なによりしっとりと湿気を帯びた白く豊かな胸の谷間と、バスタオルから浮き上がった乳首の小さな突起から、視線をはずすことに苦労したことを覚えています。

「お、俺、受験勉強があるから……」

私はあわてるようにして、やっとソファから離れました。

とにかくこのままでは、私のゆがんだ欲望が彼女に隠せなくなりそうな気がしたのです。

「あら、食事のあとくらい、もう少しゆっくりしててもいいじゃない」

少し笑いをふくんだ佐和子さんの声を背に、私は逃げるようにして居間をあとにしたのでした。

受験勉強と言いましたが、そんなことは口実にすぎません。たとえ参考書を開いたとしても、とても勉強に集中などできなかったでしょう。

自室に戻った私は、ベッドの毛布にもぐり込むと、たったいま見たばかりの佐和子さんの記憶が薄れないうちに、すでに硬くなっていたものを握りしめます。この夜ばかりは、何度もしごく必要もなく私は発射してしまいました。

いつもより深い快感にため息をついたものの、完全に満足したわけではありませんでした。胸の奥にはまだ、彼女の妄想がくすぶっていたのです。

それでも私は、一回発射した軽い疲労感の中、いつの間にか下半身を剝き出しのまま、うとうとと眠りに落ちてしまったのでした。


どのくらい寝ていたのでしょうか、何やら下半身からムズムズと心地よさがして、私は目を覚ましました。

それだけではありません、なんとも言えない甘い匂いと温かく柔らかな感触を感じたのです。

(!?)

オナニーのあとすぐに眠ってしまったことを急に思い出した私は、跳ね起きました。すぐ隣では、佐和子さんが微笑を浮かべてこちらの顔をのぞき込んでいます。それも、全裸の彼女はすでに硬く天を向いた私のあの部分を右手で軽く握り、もてあそんでいたのでした。

「さ、佐和子さん、何をしているんですか?」

パニック状態になった私の質問には答えず、佐和子さんはいたっずらっぽい口調で言いました。

「大輔《だいすけ》くん、お風呂上がりの私のこと想像して、オナニーしてたでしょ?」

「そ、そんなこと……だって、佐和子さんはお母さんだし」

「隠さなくてもいいのに。丸めたティッシュがベッドの脇に落ちてるし、何をしていたかくらいわかるわよ」

体にかけていたはずの毛布ははだけられ、私の下半身は丸出しです。オナニーしていたことについて、言い逃れはできません。

「佐和子さんじゃなくて、想像していたのは別の女の人で……」

「素直じゃないのね。あなたがいつも私をエッチな目で見ていたの、知ってるのよ」

そう言った佐和子さんは、その間も私のアレを愛撫する手を止めませんでした。

さっき出したばかりだというのに、私の快感は高まります。女性にそんなことをしてもらうのは初めてで、相手はいつも想像の中で私の相手になっていた義母なのですから。

私は何度も、これは夢の中の出来事ではないのかと疑いました。

けれど、目の前の豊かな白い胸も、うす茶色の乳首も、密着し伝わる体温も、少し汗ばんだ肌も、すべてはまぎれもない現実だったのです。

やがて、やっと手を止めた佐和子さんは半身を起こしました。

「じっとしててね……」

彼女はそう言うと、私のものを握り直し、顔を近づけます。

私は反射的に腰を引きかけますが、佐和子さんはかまわずいきり勃《た》ったものを口に咥えました。

「あっ、佐和子さん！」

これまで味わったことのない激しい快感が背筋を駆け抜け、私は下半身に力を込めて耐えようとしましたがむだでした。

意志とは関係なく、私のアレ自体が我慢できないといったように、ビクンビクンと勝手に動いたかと思うと、義母の口の中に何度も放出してしまったのです。

大げさではなく、気が遠くなるような快感でした。

たぶん、私は申し訳ないといった顔をしていたのでしょう。佐和子さんはティッシュに私が出してしまったものを吐き出すと、にっこりと笑いかけてくれたのです。

「どう？　気持ちよかった？」

「う、うん。ごめん……」

「謝ることないわよ。こういうの、初めてなんでしょう？」

私はうなずき、義母を正視できないまま小声で尋ねました。

「でも、佐和子さん、どうしてこんなことを？」

「私がセックスをしたがってるって、わかってるはずよ。もう何週間も、あなたのお父さんに抱かれてないから……」

続けて佐和子さんは、ずいぶんと前から私が彼女を女として見ていたことに、感づいていたのだと言いました。それでも、私が彼女に対して抱いていたのと同じように、自分の思い過ごしだったらどうしようかと、考えていたそうです。

二人きりになったときには、佐和子さんが挑発的な服装や態度で私に接していたのは、そういった理由だったのかと、話を聞いた私はやっと気づきました。

そして今夜も風呂上がりのバスタオル姿を見せつけた佐和子さんは、私がオナニーをしている気配を察知し、決心したのでした。

「だから、ね、お願いだから今晩だけ私の相手をして。今夜もあの人は、帰らないみたいだから……」

二度出してもなお、まるでおさまる様子を見せない私のものの先端を指先でふれながら、義母は鼻にかかった甘え声を出しました。

私としても、こうなってしまった以上は引き返せません。

あれほど熱望していた魅力的な佐和子さんが、一糸まとわぬ姿になって目の前で微笑んでいる。そして、自分を求めているのです。

血がつながていないとはいえ母親と息子だという関係は、もう完全に頭から消し飛んでいました。

セックスそのものは、私にとって初めての経験でした。漫画や雑誌、悪友から借りたエロビデオなどで知識こそありましたが、いざその場になってみると、何をどうすればよいのか、まるでわかりません。

「あの、どうすればいいんですか？」

そんな切実な質問に、義母は私の頭を優しく抱き寄せ、柔らかな胸に押し当てました。

「大輔くんのやりたいように、していいのよ……」

義母の言葉に勇気を得た私は、目の前の乳首にむしゃぶりつきました。

「はうっ」と息を吐いた佐和子さんは背中をのけぞらせます。その反応に私は、無我夢中で乳房の弾力を口で味わいつづけました。

こうなると、次は私にとってもっとも興味のある、女性のあの部分です。

あそこを見せてほしいとおずおず言った私に、彼女は迷う素振りを見せず小さくうなずきました。

「さぁ、いいわよ」

体を起こした佐和子さんは軽く足を広げ、私にとって未知の部分をさらけ出したのです。

さっそく顔を近づけた私は、少なめの茂みのすぐ下で軽く開いている女性のアレを観察しました。赤みがかったピンク色のその部分は、自分が想像していた以上に濡れています。

その光景を見ているうちに、興奮がまた高まってきた私は、ためらうことなく義母のその部分にキスをしました。そうすると女性は喜ぶなどという知識などではなく、本能的な行動でした。もちろん、汚いなどとは少しも思いません。

ビクンと腰を浮かせた佐和子さんは、体をこわばらせます。感じてくれているんだと気をよくした私は、詳しい構造もわからぬまま、夢中で舌をつかいました。

やがて自分の唾液ではなく、佐和子さん自身が溢れさせたものが垂れるほどに、あの部分が濡れてきたのです。

そのとき、彼女は私の頭を押しのけるようにして言いました。

「もういいから、早くちょうだい」

私は少しあせりながらも、義母にのしかかります。しかし、さすがにまごつく私のものは、あれだけ濡れていたあの部分になかなか入りません。

しばらくじっとしていた佐和子さんは、私のものに手を伸ばし軽く握ると、耳元でささやきました。

「初めてだから仕方ないわよね。私に任せて」

「は、はい……」

佐和子さんは体重を預けるようにして私をあおむけにすると、大胆に跨《またが》る姿勢をとりました。そして、痛いほど硬くなっている私のものの先端を、濡れた部分にあてがうと、一気に腰を沈めたのです。

私のものは、彼女の中で温かさと柔らかさに包まれました。

「あーっ！」

佐和子さんは、ひと声叫ぶとその姿勢のまま動きを止めます。すぐに、彼女の内部が狭くなりはじめて、私のものを柔らかく締め上げました。

「うっ、すごく気持ち……いいです」

思わずうめいた私に、佐和子さんは尋ねました。

「大丈夫？　まだ我慢できそう？」

「二回出してるから、たぶん」

言葉短く私がこたえると、彼女は腰を上下に動かします。

「あーっ、感じる！」

動きに合わせて、ねちゃねちゃと淫らな音が響きました。

私と義母がつながっている部分、それに彼女の眉間にしわを寄せた顔を交互に眺める私の興奮は、急激に頂点へと近づきます。

気がつくと、佐和子さんの喘ぎが、短い叫びからすすり泣くようなものに変わっていきます。それが、あの夫婦の寝室から聞こえた喘ぎの記憶に重なりました。

その瞬間、佐和子さんの内部がいちだんと狭くなったのです。

「うぅっ！」

「あぁっ！」

その瞬間、頭の中が真っ白になる快感の中で、私と義母は達したのでした。


一夜限りという約束でしたが、佐和子さんは約束を破り、翌日も私の部屋にやってきました。私も誘いを拒《こば》めず、父の目を盗んで関係を続けたのです。

それが原因ということでもないのでしょうが、結局、私は一年間の浪人生活のあと、なんとか志望大学に合格し家を出ました。

いまの義母は六十代、昔と変わらず色っぽいままです。

もしかすると、いまでも誰かとお盛んに、セックスをしているのかもしれません。

親離れできない可愛い息子を心配して変態的な赤ちゃんプレイに耽る熟母！

笹嶋ゆかり　主婦　四十八歳

月日のたつのは早いもので、ついこの間までランドセルを背負っていたと思う息子が、半年前にとうとうパパになりました。

一人っ子で甘えん坊の息子が、父親の自覚を持てるのか心配でしたが、どうやら家ではちゃんと子育てに協力しているようです。

ただ、子どもが三カ月を過ぎたころから、夜泣きでだいぶ疲れがたまっている様子で、仕事が早く終わったときなどは、うちに来て羽を伸ばしていました。

食後にうたた寝してしまうこともあり、そんなときは急いで毛布をかけてやるのですが、夫から甘やかしすぎだと叱られました。

夫は夫なりに、一人前の男になってほしいという思いで厳しく接するらしいのですが、寝ている息子を叩き起こして、「嫁の手伝いをしろ」と帰してしまうのです。

私としては、息子が来てくれたほうが、料理のしがいがありますし、安心しきって眠る姿を眺めるのが幸せで、少しでも長くいてほしい気持ちでいっぱいでした。

もちろん孫はかわいいけれど、内孫とは名ばかりで、嫁の子どもにはあまり会えないことがわかりました。嫁は自分の親のところにばかり行くものです。

その反動で、なおさら息子の世話が焼きたくなって、夫が泊りの仕事に出かけてくれるのをいまかいまかと待っていました。

あの日、ようやくその日が来て、いそいそと息子にラインを送りました。夫が留守だと知ると、いつもよりのんびりできると喜んで、仕事を早めに切り上げて来てくれました。

「やっぱり、母さんの飯は旨いなあ。最近は買ってきた惣菜ばっかりでさ……」

結婚する前はあたりまえのように食べていたくせに、そんなかわいいことを言ってくれてうれしくなりました。お嫁さんも家庭的な人ですが、初めての子育てに手いっぱいで、ほかのことに手が回らない様子でした。

「育児もたいへんだと思うけど、夫婦仲はうまくいっているの?」

家に来る頻度が高くなっていたのが少し心配でした。すると息子は、気まずそうな表情を浮かべました。

「最近は、ケンカが増えてイヤになるよ。お互いに寝不足で、イライラしてるんだ」

夫がいないせいか、珍しく息子が弱音を吐いたのです。あたりまえの試練なのですが、夫と違って親バカの私は、息子の肩を持ちたくなってしまいました。

「男は外で働いているんだから、優しくしてくれてもいいのにねえ」

そう言うと、息子は甘えるときに見せる笑顔になって、寝転んだまま私を見上げてきました。

「だろう？　わかってくれるのは、母さんだけだよ」

そんなふうに言われると、嫁よりも親子の結びつきのほうが強いことを実感しました。

「ほら、スーツのズボンがしわくちゃになっちゃうから、脱ぎなさい」

着がえさせて、少しでも長居させる作戦でした。

息子が出ていってからも処分できずに置いてあった学生時代のジャージを渡すと、うれしそうに手に取りました。

「へぇ、このジャージ、なつかしいな。あーあ、今日は疲れた。母さん脱がせてよ」

調子に乗ってはしゃぐ姿を、久しぶりに見た気がしました。

「一児のパパが何言ってるの。早く脱がないとアイロンがかけられないじゃない」

夫の言いつけにはすぐに従うくせに、私が叱り口調になると、よけいにワガママにふるまうのは昔からのことでした。絨毯の上に寝転んだまま両手足をバタバタさせて、赤ん坊のまねをしはじめたのです。

「ママァ、お願いでちゅ。ぼくのお着がえさせてくだちゃい、バブバブゥ」

晩酌のお酒で少し酔っていたみたいで、ほっぺたが赤ん坊のように真っ赤にほてっていました。

「お父さんがいないと甘え放題ね。しょうがない、ママがやってあげまちゅ」

私もふざけて、息子の赤ん坊ごっこに合わせました。ふざけながらも、そんなじゃれ合いがとても幸せに思えました。

あおむけに寝た息子のワイシャツのボタンをはずすと、意外にも鍛えられた上半身が出てきてちょっと驚きました。

顔だけ見ると、高校生くらいから変わっていないように見えるのですが、全体の骨格は二十五歳の大人の男らしく、がっちりしていたのです。

我が子ながら、惚《ほ》れぼれと見とれてしまいました。

ズボンも脱がせてとせがまれてベルトをはずすときには、なぜだかドキドキしてしまい、それを隠すようにわざとおおざっぱにふるまっていました。

「ほら、腰を持ち上げて！　あらやだ、汗臭いわね」

会社での評判はよいらしく、一所懸命仕事をしてきた汗だと思うと、けなげに働く息子がいっそう愛おしく思えてきました。

息子は服を脱がせている私の顔をじっと見つめてきましたが、恥ずかしがる様子もなく、力を抜いて身をまかせていました。

汗ばんだニットのトランクスが陰部に張りついていて、男のモノが浮き彫りになっていましたが、とっさに目を逸《そ》らし、急いでジャージをはかせました。

照れている私のほうがおかしいのかしら？　と自問自答しながらも、そうして世話ができることに喜びを感じていました。

脱いだ服をハンガーにかけてやると、ワイシャツの襟がだいぶ汚れているのが目につきました。食事だけでなく、全体的にあまり構ってもらっていないのかもしれないと思いました。

「そうだ、久しぶりに耳掃除してよ。ママのお膝でネンネしたいよぉ」

息子は頭を持ち上げて、膝枕も要求してきました。

最後にそんなことをしたのは、高校生くらいのときだったでしょうか。彼女ができてからというもの、息子が耳掃除をねだってきたことはありませんでした。

「まったく。今日は特別よ。フフ、さ、いらっしゃい」

家で構われていないのだとしたら、どれほどさびしいのかしら？　そう思うと、いつになく甘えてくる息子を突き放すこともできませんでした。

斜めに足を崩して、膝の上に頭を乗せると、ずっしりとしたなつかしい重みを感じました。

耳にかかった髪をなでてあげていると目をつぶっていましたが、寝たふりをする子どものように、まつ毛がピクピクと動いていました。小さいころ、絵本や子守唄で無理やり寝かしつけようとすると、いつもそんな表情をしていたものです。

直前に見た逞しい肉体とあどけない表情のギャップに、心が色めき立ち、ぎゅうっと抱き締めたいような衝動に駆られました。

そんな顔を見せられたら、もうなんだってしてやりたくなるのが母心です。

「たまにはこうして過ごすのもいいわね。どう？　痛くない？」

耳かきを動かしながら優しく問いかけると、息子が閉じていた目を薄っすら開いて肩をすくめました。

「気持ちいいけど、なんか、くすぐったい」

息子がくすくす笑いながら動くたびに、太ももに鼻先がめり込んできて、私のほうこそ、くすぐったいような気がしてきました。

最近は、夫との性生活もなくなっていたので、久しぶりに感じる人肌に、心と体がほぐされていくような気分でした。

「こら、危ないからじっとしていなさい」

動く頭を押さえつけて前屈みになると、乳房がちょうど息子の頰に当たりました。あんっ！と声が出そうになるほど、乳房が敏感になっていました。

夜になって伸びはじめた髭が、スカート越しにチクチクと刺激してきました。その刺激といっしょに、熱い吐息が乳房に伝わってきて、下半身がほてりはじめました。はしたない自分を恥じましたが、意識すればするほど下腹部が熱くなりました。

すると、そんな気持ちを見抜いたかのように、息子が私の膝をくるくるとなで回してきました。その手はだんだんと、フレアースカートのすそから中に入ってきて、ふくらはぎや太ももの上を這い回ってきました。

膝枕をすると、息子は昔からそんなふうに脚をなで回してくることがありました。好きな毛布を抱き締める子どものような癖です。

そうは言っても、昔とはだいぶ違っていて、大きな手のひらには、異性のものを感じました。

「母さんの膝、あったかくて、やわらかいな。ずっとこうしていたいな……」

「こんなに大きくなっても、ママが恋しいんでちゅね」

体が疼いてしまうのをごまかすように、赤ちゃん言葉で語りかけると、息子が顔を動かして、おおいかぶさっていた乳房に鼻先を押し当ててきました。

「もちろん恋しいよ、特にこのオッパイがね」

乳房が息子の顔面で、ふにゅっとつぶれました。

「母さんのオッパイも母乳が出そうなほど大きいね。こんなに大きかったっけ？」

そんなことをつぶやきながら、乳房に手を伸ばしてきました。大きな手のひらで、ムギュムギュともまれたのです。

驚きましたが、心地よさのほうが勝っていました。

「アン！　動いたら耳掃除できないじゃない。大きいけど垂れちゃったわよ」

胸をもむ息子の手に、だんだんと力が入ってくると、服の中の乳首がビクッと感じはじめてしまいました。

息子の指先が、その硬くすぼまった乳首の感触をとらえて止まりました。

「あれ、だんだんと出っ張ってきたよ。ぼくに吸ってほしいみたいだ」

「いやん、ちょっと、こら、やめなさい……ア、ハフッ」

制止も聞かず、ニットをまくり上げられました。

レースのブラジャー越しに、黒々とすぼまった乳首が透けていて恥ずかしかったのですが、無理やり卒乳させたときのことが思い出されて拒絶できませんでした。

息子は乳離れが遅く、幼稚園の年長まで、オッパイめがけて飛びついてきていました。母乳はとっくに出なくなっていたのに、吸いつくだけで満足そうな顔をしました。しゃぶりたがる息子をかわいそうに思いながら、断乳したときのさびしさは、いまでもはっきり覚えています。

息子は乳首を指先でつまみながら、口をすぼめて吸いつくまねをしました。

最初は冗談かと思っていたのですが、だんだんと真顔になってせがんできたのです。

「ちょっとだけ吸わせて。親父がいないときくらい甘えさせてよぉ」

駄々っ子みたいに体を揺すりながらせがまれると、少しくらいいいんじゃないかと思えてきました。勃起した乳首も、もっと強い刺激を求めはじめていました。

赤ん坊の世話でストレスを抱えている息子の心をいやすためという自分への言いわけが頭をよぎりました。

「じゃあ……ちょっとだけよ。そのかわり、絶対に誰にも内緒よ」

あおむけになった息子の頭を片腕に抱えながらブラジャーをはずすと、赤ん坊のころにお乳をあげていたときのような気分になりました。

けれど、ぷるんっ！　と飛び出した乳房に、唾液に濡れた唇がふれてきたとたん、それがまるで違うものだと気づいたのです。

吸われた乳首には性的な快感が走り、きれいごとを打ち砕かれました。

「ハッ……！　あは、いやだ。なんか、不思議な気分になるわね、アァ」

息子はうるんだ目で私の胸元を見つめながら、指先を乳房に沈めて、お腹を空かせた乳飲み子のような勢いで吸いついてきました。

ときおり、アム、アムと喉を鳴らす様子は、まるで本物の母乳が出ているかのようでした。

その真剣な顔を見て、ようやく、息子がおふざけなどではなく、赤ちゃん返りしてしまっていることに気づいたのです。

若いころの友人が、そんな悩みを洩らしていたことを思い出していました。友人は、旦那が赤ん坊のまねをしたがって気持ち悪いのと言っていました。

私は、夫ではなく息子なので、気持ちの悪さなど微塵《みじん》も感じませんでした。それどころか、母性本能と性欲を同時に満たされるような、初めての興奮を覚えていました。

「いやね、この子ったら。赤ちゃんなのに、おしゃぶりがじょうずすぎるわよ」

ちょっとだけと言いながら、少しではすまなくなっていたのは私のほうでした。乳房を唾液でべとべとにされるほど、アソコが疼いて、いやらしい液が出てきてしまいました。

ふと見ると、息子の股間も、ムクッとふくらみはじめていました。ただ甘えているだけでなく、自分と同じように興奮もしているのだとわかると、ぎりぎりでこらえていた性欲がドロッと噴き出してきました。

「フン、フゥン……ンア、ン！」

私の喘ぎに気づいた息子は、吸いつくだけではなく、舌をクネクネと動かしはじめました。乳輪や乳房の白い部分まで舐め回してきたのです。

夫に見向きもされなくなってから、力を失い、だらんと垂れ下がっていた乳房は、いつになく張り詰めて、ピンク色に染まっていました。

「おいしい？　いい子ね、いっぱい吸いなさい。うふん。ネンネしてもいいのよ」

感じはじめた腰から力が抜けていき、体が崩れ落ちてしまったので、横たわって息子の頭を抱えました。

添い寝しながら母乳をあげていたときの、気持ちよさを思い出していました。

息子は乳首に吸いつきながら、腰を動かし、恥骨のふくらみに硬いモノを押しつけてきました。

「ママ。ち○ちんがどんどんおっきくなっちゃうよ。ねえ、さわってよ」

うっとりした気分にさせられて、催促されるまま、ペニスに手を伸ばしていました。

硬くなったモノは、ジャージを突き破りそうな勢いで、私の手のひらに押し当てられてきました。その手をつかまれて、ジャージの中に運ばれました。

指先にじかにふれた感触に、一瞬とまどいました。

いまさら珍しいものでもないのに、初めて男性器にふれたときのような昂《たかぶ》りを覚えたのです。

がまん汁で、亀頭が女のアソコみたいに濡れていました。夫のモノとよく似た深いカリ首に、指を巻きつけました。

小さいころ、皮が剝けるか心配していたのですが、握り締めた手を上下させると、きれいにズルッとすべりました。

そのまま優しくこすりつづけていると、乳首を甘嚙みされました。

乳歯が生えはじめたとき、むずがゆさから、よく授乳中に嚙まれたことがありましたが、大人になった息子の甘嚙みは、とがった乳首に心地よい刺激をもたらしました。

「ママ、ち○ちんからなんか出てきちゃったよ、おむちゅ替えてよ」

思春期を迎えたころから、部屋でこっそりオナニーをしている姿を何度か見かけたことがありましたが、毎回見て見ぬ振りをしてきました。本当は、どれくらい成長したのか見たくて仕方ありませんでした。

赤ちゃんごっこをしているうちに、お互いに照れくささが消えていったようです。

「あら、おもらししちゃったの？　いけない子ね」

息子の口から乳首を抜いて、下半身に移動しました。ジャージを脱がせているだけで、生唾がわいてきました。

トランクスをおろす指が震えてしまいましたが、相手は大きな赤ん坊だと考えるようにしました。

脱がせると、バネで弾かれたように、大きなモノが飛び出してきました。想像以上に赤黒い、大人びたペニスでした。

親として、その成長に感動する気持ちと、女として、そそられる気持ちが入り交ざっていました。

「まぁ！　こんなに大きくなって……おむつ替えの前にきれいにしましょうね」

見たら歯止めが利《き》かなくなり、そこに唇を押しつけていました。

「あ、ママッ！　舐めてくれるの？　わぁ、うれしいな」

息子が覚えていないのも当然ですが、昔、おむつ替えをしていたときも、ときどきそのかわいいさにたまらなくなって、秘かに、小さなペニスをパクッと咥えたものでした。

あのころのように、口の中で全部包み込んでしまいたいのに、成長したペニスは思うように収まらず、もどかしさを覚えました。

下の穴ならすっぽり呑み込めるのに……そんな考えが浮かんできてしまい、急いで頭から振り払いました。

乳房を吸わせるだけでも行きすぎた行為なのに、そんなことしていいはずがない、でも欲しい……葛藤《かっとう》しているうちに、そのペニスが嫁を悦ばせているところを想像してしまいました。

すると、嫉妬《しっと》心がわいてきて、しだいにブレーキが利かなくなったのです。

息子はすっかり赤ん坊になりきっていて、自分の親指をしゃぶりながら、毛むくじゃらの両脚を、無防備に開いていました。毎日自分の子を観察しているだけあって、細かな仕草までじょうずにまねていました。

「こら、指しゃぶりは直さなきゃだめよ。おっぱいを吸いなさい。ね？」

ペニスをこすりながら言うと、イヤイヤをするように息子が首を振りました。

「ぼくね、ママの、女のち○ちんを吸いたい」

ふつうに考えればとんでもない要求でしたが、舌足らずな赤ちゃん言葉の誘導に乗せられてしまいました。

それを期待しただけで、アソコが激しくうるみはじめてしまったのです。

「エッチな赤ちゃんね。じゃあ、少しだけでちゅよ。あんまり……見ちゃ、だめよ」

濡れてしまったショーツを脱いで、あおむけに寝た顔の上に跨《また》がりました。息子の顔が、広がったスカートの中にすっぽりと隠れてしまったせいで、恥ずかしさがかき消され、大胆になっていました。

ぬるぅっと伸びてきた舌が、縦に割れたラインをなぞるように這ってきました。

「あうっ！」

気持ちよさにのけぞると、息子がうるみに吸いつきながら、ごくん、ごくんと喉を鳴らしました。

「ママも、おもらししてるよ。いっぱい濡れてきたよ。おいちいよ」

自分の子どもにその味を知られるときが来るなんて、夢にも思っていませんでした。

舌足らずな言葉づかいとは裏腹に、息子の舌は的確に、私の感じる部分を責め立ててきます。その動きに釣られるように、口いっぱいにペニスを頬張りました。

太ももの内側が、じっとり汗ばんできました。

あまりに夢中になりすぎて、そこに当たる息子の顔を、両側からぎゅっと締めつけていることにすら気づきませんでした。

「ママのお肉で、お顔がつぶれそうっ！　ハァ、ハァ、もっときつく挟んで、ママ」

息子の熱い息が、充血したクリトリスにかかってくると、腰が自然に動いてしまいました。息子の顔面に、アソコをこすりつけていたのです。

「ママのち○ちんも、大きくなってるよ、お顔がヌルヌルだよ」

クリトリスに、生温かい舌が伸びてくると、雷に打たれたような激しい快感が走りました。

「アアッ、ひっ、ひっ、だめだめ、ママ、イッちゃうかも、いやだわ、ハヒーッ！」

乳首と同じような強さでクリトリスを吸われると、頭の中が真っ白になっていきました。息子のクンニで昇りつめてしまったのです。

「ママ、ぼくも！」

息子が下半身を激しく揺さぶりながらねだってきて、ハッと我に返りました。

「あっ。うっ、うん。そうね、ママばっかり気持ちよくなって、ごめんね」

ペニスをしっかりと咥え直すと、息子が「ちがう、ちがう」と暴れはじめました。

「ママの、あったかいお腹の中に入りたいんだ」

そこまで行ってしまうと、もうそうするしかないように思えて、ためらいながらも息子の股間に跨っていました。

亀頭の先端が、裂け目にぷちゅっとハマる感触がありました。

一瞬怖気《おじけ》づいて動きを止めてしまいましたが、息子が催促するように、股間を突き上げてきました。カチカチのペニスが、子宮にめり込む勢いで入ってきました。

気持ちよさに衝《つ》き動かされて、避妊具も着けぬまま、激しく腰を振っていました。

息子が泣きそうな顔で、「出ちゃうっ」とつぶやきました。小さいころ、おしっこを洩らしてしまうとき、いつもそんな顔をしてあわてさせられたものでした。

「あ、あ、ちょっとだけ待って、もうちょっと我慢して！」

引き抜いたペニスを急いで口に咥えて、出てきたものを飲み干しました。

「次はさ、本物のおしゃぶりとか、オムツとかしてみたいな」

いけない遊びに、息子もすっかりはまってしまったようでした。いまは、次に会う日を楽しみにしながら、かわいい息子に似合う、よだれかけを縫っています。

〈第三章〉
血の繋がった者同士の許されざる肉交

愛する実子に再婚を反対された私は亡き夫と瓜二つの極硬棒で貫かれ……

吉田ルリ　ＯＬ　四十二歳

私は十年ほど前に夫と死別し、それ以降は息子の夏夫《なつお》を女手ひとつで育ててきました。それはほんとうにたいへんな苦労でした。

でも、愛する夫との子どもを、ほかの男性の子どもとして育てるのはいやだったんです。それぐらい私は、亡くなった夫のことを愛していたのです。

その息子も来春には大学生になる予定です。大学生といえば、もう大人です。ようやく子育てを終えられる開放感から、私もそろそろ女としての幸せを探したいなと思いはじめたんです。

その矢先に、仕事で知り合った山口《やまぐち》さんに告白され、結婚を前提におつきあいをすることになりました。亡くなった夫のことはまだ愛していましたが、やはり生身の男性はいいものです。抱き締められると体の芯までとろけてしまいそうになるんです。

恋愛をするのはほんとうに久しぶりのことだったので、私は毎日、まるで初めて彼氏ができた女子中学生のようにうきうきして過ごしていました。

もちろん山口さんのことは息子には秘密にしていましたが、私の態度の変化から、息子は何かを感じ取ったようでした。

ある日、お風呂から出てパジャマに着がえ、髪をタオルでふきながらリビングへ行くと、息子が思い詰めた顔でソファに座っていたんです。

その前のテーブルには、私のスマホが置いてありました。とっさに、中を見られたことに気づきました。いちおう、パスワードを設定してありましたが、息子はパソコンに詳しいので、そんなことぐらいなんでもないのでしょう。

スマホの中には山口さんとやりとりしたメールが大量に残されています。しかも、かなりエロティックな内容のものもいっぱい……。

山口さんのことをなんて伝えたらいいだろうかと困っていると、息子が私の顔をまっすぐに見て言いました。

「お母さん、ごめんなさい。メールのやりとりを見ちゃったよ。いけないことだとはわかってたんだけど、最近のお母さんの様子が変だったんで気になっちゃって……」

「いいのよ。いつかは伝えなきゃいけないと思ってたの。でも、ちょうどいいわ。実はお母さんね、いま、おつきあいしている人がいるの。夏夫が大学生になったら結婚するつもり。祝福してくれるわよね？」

息子は物わかりのいい子です。それにもうすぐ大学生になるので、小さな子どものように駄々をこねたりせずに、母親の再婚を祝ってくれると思っていました。

だけど、息子の反応は意外なものでした。

「いやだ……ぼく、お母さんがほかの男と結婚するなんて、いやだ」

顔を真っ赤にしながら、そんなことを言うんです。

「どうして？　お母さんだって女としての幸せを求めたっていいでしょ？」

「女としての幸せを求めるのはいいよ。だけど、その山口って男と結婚するのは絶対にいやだ」

「聞き分けのないことを言わないで！」

「いやだ！　お母さんはぼくだけのものだ！　ほかの男には渡したくない！　ぼくはお母さんのことが好きなんだ！」

夏夫は声を振り絞るようにして言いました。その叫びを聞いた瞬間、私の体に電気が走りました。全身に鳥肌が立ち、呆然《ぼうぜん》と息子を見つめました。

子どもが母親の再婚を反対するのはよくあることでしょう。だけど、夏夫の場合はそれとは違うように感じたんです。

「あなた、ひょっとして……？」

「そうだよ。ぼくはお母さんを愛してるんだ」

息子はまっすぐに私の目を見つめます。そこには嘘や冗談の気配は少しもありません。あるのは、私への燃えるような愛情だけです。

「夏夫……」

私もまた、息子の顔をまっすぐに見つめました。息子は亡き夫にそっくりなんです。子どものころから夫の面影が色濃くありましたが、ここ一年ほどでますます似てきていました。

再婚せずに息子を自分一人で育てたいと思ったのは、そういうことも理由の一つでした。そしていま、私は亡くなった夫と見つめ合っているような気分になってしまうのでした。

息子の視線がすーっと私の胸元にすべり降りました。ハッとして見ると、パジャマに乳首が浮き出ています。風呂上がりで、あとは寝るだけのつもりだったので、ブラジャーは着けてなかったんです。

でも、ふだんならそんなに乳首は目立ちません。そうです。乳首が勃起していたんです。息子と見つめ合いながら、乳首を硬くしているなんて……。私はこの子の母親なのに……。

とっさに息子に背中を向けると、股間の割れ目がヌルリとすべるのがわかりました。

「はあぁぁ」

思わず変な声が出てしまい、私はあわてて唇を堅く結びました。乳首だけではなく、陰部まで反応してしまっていたんです。

「ぼく……本気なんだ。ずっとお母さんのことが好きだった。母親としてだけじゃない。女性として好きなんだ。こういう気持ちを持つのは異常なことだと思って自分の気持ちを抑えつけてきたけど、お母さんがほかの男のものになってしまうと思ったら、もう我慢できなくなったんだ」

そっと後ろから抱き締められました。それは、よく亡き夫がしてくれた抱き締め方です。顔だけでなく、こんな動作も遺伝するんだわと、しみじみ思いました。

「ねえ、ぼくのこの気持ちを受け止めてよ。ぼく、お母さんと愛し合いたいんだ」

耳元でささやかれると全身の力が抜けていき、私は貧血を起こしたようにその場にしゃがみ込んでしまいそうになりました。

「お母さん、大丈夫？」

私が倒れないようにと息子がきつく抱き締めてくれました。その腕が私の乳房を押しつぶすように刺激するんです。乳首がこすれて、ゾクゾクするような快感が体を駆け抜けました。

「私も……私も好きよ」

そうつぶやくように私が言うと、抱き締めていた息子の腕の力が弱くなりました。少し体が自由になった私は、息子の腕の中で体の向きを変えました。

すると、すぐ近くに息子の顔があるんです。でも、いつの間にか私よりも背が高くなっていて、少し見おろすようになった息子の鼻息が、私の顔にかかるんです。かなり興奮しているようです。

この状況も、亡き夫との思い出が重なりました。最初にキスをしたときのことです。そのとき、夫は勢いよく私を抱き締めたものの、キスの手前で躊躇《ちゅうちょ》したんです。あまり女性慣れしていなかった夫は、私の体がこわばったために、いやがられてるんじゃないかと思ったらしいのです。本当は、早くキスしてと、心の中でお願いしていたのに……。

結局、そのときはじれったくなって、私のほうから唇を重ねました。そしていまも、少し背伸びするようにして、躊躇している息子の唇に私のほうから唇を押しつけたのでした。

「えっ……」

かすかにのけぞるようにして、息子はとまどいの声を洩らしました。だけど、私にキスをされたのだと理解すると、今度はきつく抱き締めながら息子のほうから唇を重ねてきました。

それは私への思いの大きさがわかる熱烈なキスでしたが、ただ唇を強く押しつけるだけのものなんです。やはりまだ子どもです。夫の最初のキスよりも、ずっとずっと下手くそなんです。

結局、私がリードしてあげないといけないみたいです。そこで私は、息子の唇をこじ開けるようにして舌を口の中にねじ込みました。

「うっ……」

驚いて目を開けた息子と、すぐ近くから見つめ合いながら、ディープキスを続けました。彼の目が何かを問いかけたそうにしているので私が唇を離すと、息子は探るような顔をしながらたずねました。

「お母さん、ほんとうにいいの？」

「だって、私と愛し合いたいんでしょ？」

「うん、そうだよ」

「それなら私も、夏夫と愛し合いたいわ」

「でも、ぼく……」

息子は今度は急に、不安げな表情を浮かべました。それが意味するところに、私はすぐに気づきました。キスの下手くそさからも、それは明らかです。息子はまだ童貞のようでした。

確かにいままでガールフレンドがいる気配がしたことは一度もありませんでした。ちょっとまじめすぎるところがあるんです。それもまた亡き夫によく似ているので、私にとってはプラスポイントなんですけどね。

でも、息子にとっては、それが気がかりなようでした。

「いいわ。お母さんが教えてあげる。だけど、初めてがダイニングでなんてムードがなさすぎるわ。ベッドへ行きましょ」

私は息子の手を引いて、自分の寝室に連れていきました。

最近は反抗期気味で私の言うことを素直に聞いてくれなくなっていた息子なのに、そのときばかりは、まるで小学生のころのように素直についてくるんです。

それがまたかわいくて、亡き夫の代わりというよりも、自分がお腹を痛めて生んで苦労して育てた息子を愛おしく思う感情のほうが徐々に強くなってきました。

そして、この子が大人になる手伝いをしてあげたいという思いが、込み上げてくるのでした。それがどれほど不道徳なことかはもちろん自分でもわかっていましたが、燃え上がる思いはどうしようもないんです。

「さあ、夏夫のオチ○チンを見せてちょうだい」

私が息子のズボンとボクサーパンツをおろすと、勢いよくペニスが飛び出し、バナナのようにそり返って先端を天井に向けました。

「す……すごいじゃないの。いつの間に、こんなに立派になったの？」

私はため息を洩らしていました。私が知っている夏夫のペニスといったら、まだ皮をかぶった小さなペニスなんです。

でもいま、目の前にあるのはもう立派な大人のペニスで、その大きさと形から、このあと自分がどれほど強烈な快感を味わうことになるかと想像して、一気に下着の奥がグチュグチュになってしまうのでした。

「ぼく、もう子どもじゃないんだよ。これぐらいあたりまえだよ」

夏夫は少し頬を赤らめながらも、誇らしげに胸を張り、ペニスをピクンピクンと動かしてみせます。その動きに誘われるようにして私は手を伸ばし、その熱い肉の棒をそっとつかみました。

「はうっ……」

息子は奇妙な声を洩らし、ぎゅっと両手を握りしめました。

「どう？　お母さんの手、気持ちいい？」

「う……うん、ひんやりしてて気持ちいいよ」

「じゃあ、もっと気持ちよくしてあげるわね」

私はオチ○チンを握りしめたまま、手を上下に動かしました。すると、すでに完全に勃起していると思っていたペニスが、さらに硬く大きくなっていくんです。そして、手のひらに熱い脈動がドクンドクンと感じられるんです。

気がつくと、私の口の中には大量の唾液が溢れ出ていました。それを飲み込むと、ゴクンと鳴ってしまい、そのことが恥ずかしくて、私はごまかすようにペニスに食らいついたんです。

「ああっ……お母さん、そ、それ……あああっ……気持ちよすぎるよぉ」

手でするだけなら、自分でするのとそれほどの違いはないことでしょう。でも、フェラチオの快感は、童貞ならいままでに経験したことのないレベルのはずです。

私がジュパジュパと唾液を鳴らしながら首を前後に動かしはじめると、息子は悲鳴のような声を出して喘ぎつづけます。

「あぁ、お母さん……あああっ……ダメだよ、それ……ああああっ……」

口の中でペニスがピクンピクンと細かく痙攣し、ほんの少し生臭い味がしはじめました。ひょっとして……と思ったときには、息子の絶叫に近い声が頭上から降り注いできたんです。

「ああっ、ダメだ！　も……もう出る！　はっううう！」

息子がそう叫んだ瞬間、ペニスが激しく脈動し、私の口の中に勢いよく精液がほとばしりました。

「うっぐぐ……」

喉奥を打たれてむせ返りそうになりながらも、私は息子の射精が収まるのをじっと待ちました。

そして、ようやくおとなしくなったペニスを口から出すと、申し訳なさそうに眉を八の字にしている息子の顔を見上げて、彼の精液を残さず飲み干してあげたんです。

息子はパッと表情を明るくしました。

「お母さん！　飲んでくれるなんて……ぼく、うれしいよ」

「だって夏夫は、私のかわいい息子だもの。じゃあ、今度は夏夫が、私を気持ちよくしてくれる番よ」

私は着ているものをすべて脱ぎ、ベッドに横になりました。女の裸を目の前にした息子は、大喜びで襲いかかってきました。

「お母さんのオッパイ、やわらかいよ」

息子は乳房に食らいつき、赤ん坊のように乳首を吸いました。だけど、その興味はすぐに私の下腹部へと向かうのです。

舌先をみぞおち、おへそとすべらせていき、すぐに茂みに到着しました。

「お母さんのここ、よく見せてね。さあ、脚を開いて」

私は息子にされるまま、大きく股を開いてあげました。恥ずかしさはもちろんありましたが、息子は私のここから出てきたのですから、彼にはじっくりと見る権利があるように思えたんです。

「ああ、お母さんの性器はこんななんだね。すごくきれいだよ。それに、もういやらしい液でヌルヌルになってるよ」

「はあぁん、そんなこと言わないで。恥ずかしいじゃないの」

「これって、ぼくのをしゃぶって興奮してるってこと?」

「そうよ。興奮しちゃったの。それと、期待感からかな」

「期待感？」

「夏夫がこれから気持ちよくしてくれると思うと、エッチな液がいっぱい出てくるの」

「そうなんだ。じゃあぼく、がんばらないとね。さあ、お母さんを気持ちよくしてあげたいから、膝を抱えてよ」

一回射精したばかりで気持ちに余裕があるからか、息子は落ち着いた口調でそんなことを言うんです。もちろん私は自分で両膝を抱えてあげました。

すると息子は、割れ目を指先でヌルンとなで上げ、まとわりついた愛液を塗りつけるようにして、クリトリスをこね回しはじめました。

童貞とはいえ、いまどきの高校生ですから女性の体に関する知識はいっぱい持っているのでしょう。その指愛撫は、的確に私の感じるポイントを刺激するんです。

「はあっ……そ、そこ……じょうずよ、夏夫。あああぁあん」

私は思わずそんなはしたない声を出しながら、体をくねらせました。

その反応に気をよくしたように、息子は執拗《しつよう》にクリトリスをこね回しつづけます。

指先から逃れるようにヌルンヌルンとクリトリスがすべり抜けるたびに、体じゅうを快感が駆け抜け、私はみっともない喘ぎ声をあげてしまうんです。

「ああ、すごくエッチだ。ぼく、興奮しちゃうよ。もっと気持ちよくしてあげるね」

息子がそう言った直後、私の喘ぎ声はさらに大きくなりました。

「あっはああん！　ダメ、それ、気持ちよすぎるぅ。はあああん！」

息子はベッドに腹ばいになるようにして股間に顔を近づけ、クリトリスを舐めはじめたんです。その舌愛撫に、私は頭の中が真っ白になるぐらい感じてしまいます。

実は夫はクンニが苦手で、数えるほどしか舐めてくれたことがなかったんです。だから、こんなふうに舐め回されるのは、夫とつきあいはじめる前以来のことです。親子とはいえ、なにからなにまでそっくりというわけではないようでした。

クリトリスを舐められる久しぶりすぎる快感に、私はもう両膝を抱えつづけることもできないぐらい感じまくっていました。

それでも息子はクリトリスを口から放しません。強く吸い、舌を高速で動かして舐め転がしつづけるんです。

「ああっ、ダメッ……もう……もうダメぇ！　はあああん！」

全身の筋肉が硬直し、次の瞬間、自分でも驚くほどベッドの上で体が跳ね上がり、上も下もわからなくなってしまいました。

「すごいね、お母さん。クリトリスを舐められるのって、そんなに気持ちいいんだね」

そんな声が聞こえてそちらを見ると、息子が満足げに見おろしていました。

「ええ、すごく気持ちいいの……でも、夏夫は舐めるのがじょうずね。とても初めてとは思えないわ」

「お母さんが気持ちよくなるのを見たい一心で、がんばったんだ」

そう言う息子の股間では、ペニスがはち切れそうになっています。フェラで射精する前よりも、さらに大きくなっているんです。そして、童貞を卒業する瞬間を心待ちにして、ピクピクと武者震いをしていました。

「夏夫、さあ、お母さんの体で大人になって」

私が股を大きく開いて両腕を差し出すと、夏夫は私の上におおい被さってきました。

「いいんだね？　お母さん、ほんとうにいいんだね？」

ペニスの先端をぬかるんだ膣口に添えて、息子がたずねました。

血のつながった母と子がこんなことをしていいわけがありません。だけど、もう我慢できないんです。息子とひとつになりたくてたまらないんです。

「いいわ……入れてちょうだい」

私の言葉に無言でうなずき、夏夫はペニスの先端を押しつけてきました。パンパンにふくらんだ亀頭が、ヌルリと私の中へすべり込んできました。

「はあうぅ……」

私は顎を突き上げるようにして、体をのけぞらせました。

「お母さん、ここでいいんだよね？　こんなに狭いところに入れて大丈夫なの？」

息子が不安げな表情でたずねました。童貞が想像していた膣よりも、もっと狭くてきついのでしょう。

「大丈夫よ。夏夫が気持ちよくしてくれて、いっぱい濡れてるから、夏夫の大きなペニスでも、お母さんのあそこは壊れたりしないから安心して。さあ、もっと奥まで入れてちょうだい」

素直な息子は私の願いどおり、大きなペニスをヌルリヌルリと奥のほうまで挿入してくれました。

「ああ、お母さん、入っていく……入っていくよ。ううう……温かくて、ヌルヌルしてて、すごく気持ちいいよ……あああぁ……」

「はあああん……入ってくるぅ……夏夫のペニスがすっごく奥まで入ってくるわぁ……ああああん……気持ちいい……」

そして、二人の体がピタリと重なり合いました。

「入った……全部入っちゃった。ああ、ぼく、うれしいよ」

「私もよ……夏夫とひとつになれて、最高に幸せだわ」

私は下から息子をきつく抱き締め、同時にあそこで息子のペニスをきつく締めつけてあげました。

「ああっ、すごい……中が動いてるよ」

「夏夫がもっと気持ちよくしてくれることを催促してるのよ」

「気持ちよくする……こう？　こんな感じでいい？」

息子はゆっくりとペニスを引き抜いていき、完全に抜ける手前でまた奥まで突き刺し、また引き抜き、突き刺し……という動きを繰り返しました。

「そ……そうよ。ああん、夏夫のペニスは大きいから、すっごく気持ちいいわ。はあん……」

「ぼ……ぼくも気持ちいいよ。あああ、気持ちよくてたまらないよ」

抜き差しする動きを、息子は徐々に速めていきました。二人の粘膜がこすれ合い、グチュグチュとエッチな音が洩れてしまいます。

「ねえ、入ってるところを見ながらしてもいい？」

「だ、ダメよ、そんなの恥ずかしいわ……」

私はそう答えましたが、息子は体を起こして、さらに激しく腰を振りはじめました。

「おお……すごいよ、お母さん。ぼくのペニスが真っ白になっちゃってるよ」

「いや……恥ずかしい……気持ちよすぎると、愛液は濃くなっちゃうのよ」

「ぼくのペニスで気持ちよくなってるんだね？　じゃあ、こうしたらどう？」

夏夫はペニスを抜き差ししながら、手の指でクリトリスをこね回しはじめました。中と外を同時に責められる快感は強烈です。

愛する息子との禁断の行為で猛烈に興奮していた私は、その愛撫であっさりと絶頂を迎えてしまいました。

「ああ、ダメ、イッちゃうぅ！　あっはあああん！」

きゅーっときつくあそこが締まるのがわかりました。その強烈すぎる締めつけに、童貞を卒業したばかりの息子が耐えられないのは当然です。

「あっ、ダメだ、気持ちよすぎて。ぼ、ぼくも……ああ、イク！」

そう苦しげに言うと、夏夫はペニスを根元まで突き刺したまま、腰の動きを止めました。そして、私の中に若い精液をほとばしらせたんです。

結局、山口さんとは別れました。いまはもう息子に、身も心もぞっこんなんです。

義理の息子のヌードモデルをするうち牝芯の疼きを抑えられなくなった熟妻

片岡燈子　主婦　四十五歳

私がいまの夫と出会ったのは一年ほど前です。会社の同僚の紹介でした。お互いバツイチ同士で年齢が近かったこともあり、交際を経てすぐにゴールインしました。

もちろんいまさら子どもをつくろうとは思いません。そんなことをしなくても、私たちにはもう一人の家族がいました。義理の息子の孝明《たかあき》さんです。

彼は夫と前妻との間にできた子で、すでに二十六歳になっていました。

しかし夫は、彼のことをあまりよくは思っていなかったようです。というのも、普通の仕事には就《つ》かずに、画家をしていたからです。

「あいつはろくに才能もないのに画家になんかなって、ほんとうに困ったやつなんだ。早いとこ諦《あきら》めて就職してくれればいいんだが」

孝明さんの話題になると、いつもそんなふうにあきれています。

実際、画家といってもまったくの無名で、収入などないも同然のようでした。こまごまと絵を描きながら、親のすねかじりをしてどうにか生活をしているありさまなのです。

もっとも彼は、親にどう言われようと、画家を諦めるつもりはないようでした。私の目から見ても、彼はどこか浮世離れをしているというか、絵のこと以外には興味がないタイプのようでした。内気な性格で頼りない見た目だし、夫が心配するのも無理はありません。

ただ私は、そんな彼のことをひそかに応援していました。才能がどうであれ、諦めずに夢を追いかけている姿勢に好感が持てたのです。

彼はふだんはフラフラと家の中にいて、たまにスケッチをしに外に出るような生活です。当然、結婚どころか彼女がいる気配すらありません。

実は私も私で、夫との生活にはちょっとした不満を抱えていました。

夫はもう五十歳の手前なので仕方ないのですが、夜の生活が極端に少ないのです。よくて月に一度、もっと間隔が開くこともあります。

私も結婚したからには、少なくとも週に一度のセックスは期待していたのですが、それさえかないそうにありません。おかげで新婚早々から欲求不満になっていました。体が悶々《もんもん》としている私と、まだ若い義理の息子がずっと家で二人きりです。これでは彼に気持ちが向いてしまうのも無理のないことでした。

しかし、血のつながりはないとはいえ彼は家族の一員です。まちがっても体の関係を持っていい相手ではありません。

その二つの板挟みに私は悩んでいました。悩みを抱えながらも体は満たされないいま、性欲だけがふくらんでゆく日々を送っていました。

私はずっとこのまま我慢して、この家で暮らしていかなければならないのだろうか。

そう思っていたある日、私はたまたま孝明さんと話す機会がありました。

といっても、彼が話すのは絵のことばかりです。知らない画家のすばらしさや技法を語られても、私にはチンプンカンプンでした。

そのとき私は、ふと思いついた話題を彼に振ってみました。

「ねぇ、孝明さんは、女性の裸を描いたことはないの？」

すると彼はしばらく悩みながら、こう返事をしました。

「うーん、実はまだそういうのは……モデルをやってくれる人がいないから」

ということは、まったく関心がないというわけではなく、奥手な性格でも、やはり女性の体には興味があるようです。

「だったら……私がモデルになってあげるから、一度描いてみない？」

私がそう言うと、冗談だと思ったのか彼は笑っていました。

でも、私は本気でした。もし彼が望むなら、喜んでヌードモデルになってあげるつもりでした。

もちろん、純粋に彼の力になってあげたいという思いもありました。

もう一つの理由は、私が刺激に飢えていたからです。ずっと性欲を持て余していた私にとって、彼に裸を見てもらえると思うと、とてつもなく刺激的でした。

もともと私には、ちょっと露出を好む性癖もあったので、一度はそんな体験もしてみたかったのです。

「いや、さすがに悪いよ、ヌードモデルなんて。赤の他人ならまだしも、いちおうはお義母《かあ》さんなんだから」

「あら、どうして？ せっかくのチャンスなのに」

せっかく私が乗り気なのに、彼は遠慮をしてうんと言いません。

なんだか私の裸なんか見たくないと言われているようで、つい意地になってしまいました。それほど若くはありませんが、まだまだスタイルには自信がありましたし、彼だって私の体を見ればその気になってくれるはずです。

そうして最後には私が強引に押し切るかたちで、とうとう彼にヌードデッサンをしてもらうことになりました。

彼にしてみれば、お金も出さずにヌードモデルを雇えるのです。義理の母親とはいえ、ありがたい申し出だったのはまちがいないでしょう。

もちろんこのことは夫には秘密です。そのことを二人で約束し、いよいよ私はモデルの準備に入りました。

デッサンの場所は自宅の彼の部屋で、私はいったん自分の部屋に戻ると、さっそく服を脱ぎはじめました。

自分から言い出したとはいえ、これから裸を見られると思うとドキドキします。まるで、舞台に立つ出番を待つストリッパーのような気分でした。

あらためて鏡で自分の裸を確かめてみると、若いころよりもややお腹に肉はついてきました。さすがに昔のような肌の若々しさもありません。

ただ胸の大きさと、お尻のサイズだけは自信がありました。男性は私のような大きめのお尻が好みだということも、ちゃんと知っています。

裸にバスタオルを巻いた私は、彼の部屋に向かいました。

「お待たせ。化粧もしてたから、ちょっと時間がかかっちゃった」

私がそう言って顔を出すと、心なしか彼も緊張しているように見えます。

彼はすでにスケッチブックを構えて私を待っていました。私はその前に立ち、いよいよバスタオルに手をかけます。

「ごめんなさいね。もう若くないから、期待したような体じゃないかもしれないけど」

そう言いながら、体に巻いていたバスタオルをはだけてみせました。

全裸になった私を、彼が無言でまじまじと見つめています。上から下まで舐めるように、何度も視線が往復していました。

このときようやく気づいたのですが、時間がなくて下の毛のお手入れをまったくしていませんでした。毛深いあそこをありのまま見られているのです。

そうやって値踏みされるように体を鑑賞されている間、たまらない恥ずかしさと興奮が込み上げてきました。

「ねぇ、どういうポーズをとればいいの?」

「ああ、うん。じゃあ、どうしようかな……」

私が声をかけるまで、彼はそういったことさえ頭になかったようです。

とりあえず私は立ち姿のまま、背筋を伸ばして彼と向き合いました。ほとんどマネキン人形のような姿勢です。

彼がスケッチを始めると、それまでとは表情が一変しました。やはり絵のことになると真剣さが違います。

しかし私はというと、頭の中はいやらしいことでいっぱいで、まるで集中できませんでした。

彼の視線の動きに合わせて、見られている場所を意識してしまうのです。

胸を見られていれば、乳首が自然と硬くなってきます。股間に目が移ると、今度はあそこの奥が疼いてきました。

体をさわられているわけでもないのに、視線だけで感じてしまうなんて、初めてのことです。

そしてとうとう我慢できず、あそこが濡れてきてしまいました。

「ああ……」

溢れる興奮を抑えきれずに、どんどん呼吸まで荒くなってきます。ただ何もせずに立っているだけなのに、それさえ難しくなるくらい体が疼いてきました。

スケッチをしている彼も、私がどうなっているのか、はっきりとわかっていたようです。それまでは一心不乱に絵を描いていたのに、困惑したように手が止まっていました。

やがて私は立っていられなくなり、ポーズを崩してその場にへたり込んでしまいました。

「あっ、だいじょうぶ？」

あわてて近づいてきた彼に、私は思わず抱きついてキスをしてしまいました。

あまりに突然だったので、彼も目を見開いて驚いています。それをいいことに私は強引に舌までねじ込んでいました。

「ああ……もう我慢できないの。お願いだから、このまま私を抱いて」

母親の立場も恥もかなぐり捨て、そんなおねだりまでしていたのです。

彼はしばらく言葉を失っていましたが、ようやく私の言っていることを理解したようでした。

「いや、もう家族なんだからそれはマズいよ……そういうつもりで、モデルになってもらったんじゃないんだから」

理性を失っている私よりも、彼は冷静でした。しかし私にはそんな彼の言葉も、まったく頭には入りませんでした。

「だって、こんなになってるのよ。ほら……」

そう言うと、手を握って強引にあそこをさわらせました。

私の濡れたあそこをさわった彼は、とたんに顔を真っ赤にします。女性とはまったく縁がない彼ですから、キスをしたのも女性の体にふれたのも、それが初めてだったのでしょう。

「ねぇ、わかるでしょう。あなたに見られて、ずっと興奮していたの。こうなったのも、全部あなたのせいなのよ」

無理やりそんな理屈をつけると、私も彼の股間をまさぐりました。

するとズボンが大きくふくらんでいたので、今度は私が驚きました。夫のものよりも、はるかに立派そうなペニスをしているのです。

「待って、そんなところをさわらないで。ああ……」

ズボン越しになでているだけなのに、彼はすっかり抵抗ができなくなっていました。

そのまま私は彼のズボンをおろしました。下着も引っぱって脱がせると、勃起したペニスが跳ねるように飛び出してきたのです。

サイズだけでなく、角度も夫のものとは比べものになりません。見るからに若々しくて、精力に満ちたペニスです。

「すごい……こんなに大きくなって」

顔を近づけて息を吸い込むと、なまなましい匂いにうっとりしてしまいました。

久しくセックスをしていない私にとって、それは媚薬のようなものでした。匂いに吸い寄せられるように、ペニスを口に含んでしまったのです。

「……えっ！」

彼の驚いた声は私の耳にも届きました。しかしすぐに、気持ちよさそうなため息に変わりました。

いきなりおしゃぶりを始めるなんて我ながら大胆でしたが、もう止まりません。

彼がされるがままになっているのをいいことに、口いっぱいにペニスを頰張ると、そのままいやらしく舌を使いはじめました。

「あっ、ちょっと……そんなにされたら、もう……」

私が唇を上下に動かすと、口の中でペニスがピクピクと動きました。

それだけで彼が大きな快感を味わっているのが伝わってきます。彼にとってはフェラチオなんて、まったく未知の体験だったはずですから。

私もずっと溜まっていた欲求不満を、彼のペニスを舐めることにぶつけていました。

ひたすら舐めたり吸い込んだり、まったく手加減をしません。彼が弱々しく追い詰められた声を出しても、お構いなしです。

「もうしばらく我慢して。まだ出しちゃダメよ」

そう彼に言い聞かせながら、私はおしゃぶりを続けました。

しかし我慢も限界だったようです。彼は私が深く呑み込んだペニスに舌を絡みつかせている最中に、突然射精してしまったのです。

「ンンッ……」

しかし、私はあわてませんでした。こうなってしまうことも予感していたので、すぐに気持ちを切り替えて、溢れてくる精液を吸い取ってあげました。

ドロドロした精液が口の中に溜まっていったころ、彼の「ああ……」という満足げな声が聞こえてきました。

ようやくすべて出し尽くしてしまったようなので、私は口を離してあげました。

そのまま吐き出さずに生温かい精液を飲み下します。私から強引に射精させてしまったので、最後まできちんと後始末もしてあげたかったのです。

「どう、気持ちよかった?」

私の問いかけにも、彼は気の抜けた顔でうなずくだけでした。

もっとも私は体が疼いたまま、何もしてもらってはいません。彼が満足をしても、私は放置されたままの状態でした。

「ねぇ、今度は孝明さんが私の体をさわって」

私がそうおねだりをすると、おずおずと胸に手が伸びてきました。

四十代の半ばになり、さすがに胸も張りを失いかけています。いくらサイズが大きくても、こればかりは仕方ありません。

彼はしばらく胸をもんでいましたが、もしかしてさわり心地が物足りないと思っているのではと不安でした。

しかし彼はずっと手を離さずに、こう言ってくれたのです。

「やわらかくて、さわってるとすごく気持ちいい……」

まるで子どものような感想ですが、それだけに素直な気持ちが伝わってきてホッとしました。

彼は私の胸をよほど気に入ってくれたようです。手でさわるだけでなく、自分から顔を埋《うず》めて舐めはじめました。

女性の扱いに手慣れた男性とは違い、赤ん坊のように乳首を吸うだけです。お世辞にもじょうずとはいえません。

それでも刺激に飢えていた私の体は、乳首からのこそばゆい感触さえ快感になりました。

「あっ、んんっ……はぁっ」

自然と声が洩れてくると、ますます彼の吸う力も強くなります。

私の胸に夢中になっている彼ですが、私はあそこへの愛撫も待っていました。ずっと疼いているので、ヌルヌルしたものが溢れっぱなしです。

「ねえ、早く下も……」

待ちきれずに自分からせがむと、ようやく手が胸から下りてきます。

私はそれを心待ちにして足を開きました。その内側に彼の手がすべり込み、あそこを指でなで回しはじめました。

すぐに彼の指もヌルヌルになり、あそこの中へ慎重にもぐり込んできました。

「わかる？　その穴の中に入れるのよ」

「うん、でも……やっぱりマズいんじゃないかなって。親父を裏切ることになるし」

せっかくここまで来たというのに、まだ彼はためらっていました。私たちが親子ということが、よほど心に引っかかっているようです。

「いいのよ、私が母親だからって気にしなくても。これは、あなたに女性への自信をつけさせるためなんだから」

もちろんそれも本音ですが、単に私自身がセックスをしたい言いわけにすぎません。

私も欲求不満でなければ、彼とごく普通の親子関係を築けたはずです。

でもこうなってしまっては手遅れでした。早く彼をその気にさせ、抱いてもらうことしか頭にありませんでした。

業を煮やした私は、フェラチオをしたときのように、強引に彼とひとつになることにしました。

「そこに横になって。絶対に動かないでね」

命令をした私は、ベッドに横たわらせた彼の腰にすばやく跨《また》がりました。

さっき射精をしたばかりですが、濡れたあそこをこすりつけると、あっというまに回復しました。やはり若いだけに精力もたっぷりあります。

それに本気で私とセックスをしたくないなら、いくらでも抵抗はできたはずです。それなのにおとなしく横になっているのは、口ではなんだかんだ言いつつ期待をしているのでしょう。

勃起したペニスをつかんだ私は、早く入れたい気持ちを抑え、先っぽだけをあそこに押しつけました。

ギリギリで入りそうなところで止まり、彼にこう言いました。

「しっかり見ててね。これから、一人前の男にしてあげるから……」

そして、一気に腰を落としました。

あそこの奥に、ぬるっと太いものが入ってきます。それだけで、私の体にはとてつもない快感が走り抜けました。

「ああっ！　すごい、こんなの……」

久しくセックスをしていない私にとっては、待ち望んでいた瞬間でした。味わっていたのは快感だけではありません。義理の息子とのセックスという、禁断の行為にも酔いしれていたのです。

私とつながった彼も、下で気持ちよさそうな表情をしています。

おそらく私と同じくらい、初めてのセックスの感激にひたっているのでしょう。うっとりと目を細め、小さな声で「ああ……」とつぶやいていました。

「入ってるの、わかる？」

「うん……こんなに気持ちいいなんて思わなかった」

「よかった。じゃあ、もっとよくしてあげる……」

私はペニスを呑み込んだまま、腰を持ち上げてゆっくり落としました。

ぬるっ、ぬるっと何度もペニスが出入りすると、さらに彼は大きなため息をつきました。

私も太いもので奥まで突かれ、体が甘く溶けてしまいそうでした。けっして得意ではない騎乗位ですが、がんばってお尻を揺すってみせました。

これほど気持ちいいのは、もしかしてコンドームをしていなかったからかもしれません。夫との数少ないセックスでも避妊を欠かさなかった私には、生でする久々のセックスなのです。

母親なのに、息子の精子を体が望んでしまうなんて……私は動いている間も、そんな淫らなことを考えつづけました。

彼は一度射精しているので、さすがにあっけなく出してしまうことはありませんでした。しかしあまり長もちしそうにないのは、彼の反応からわかりました。

「待って、そんなに激しく動かれると……もうちょっとゆっくり」

次第に大きくなってゆく私の腰の動きに、彼が待ったをかけようとします。

しかし私はそんな言葉も無視しました。たとえ彼がこらえきれなくなろうと、そのまま最後まで続けるつもりでした。

お尻を下にぶつけるたびに、あそこの奥に衝撃が伝わってきます。必死に動いているせいで、汗が体から流れ落ちてきました。

そうしていると、とうとう彼が我慢できなくなったようです。

「あっ、出るっ！」

私が腰を振っている最中に、彼が叫びました。

彼がイッているのがわかると、私も動きを止めました。途中で抜けてしまったら、ちゃんと精液を受け止めてあげられなくなるからです。

「だいじょうぶよ……何も心配しなくてもいいから」

お尻を落としてつながったまま、私は彼の頭をなでてあげました。

しばらく彼は激しく息を喘がせていましたが、落ち着いてくると私の手を握り返してきました。

「ああ……もう出ないよ」

彼がそう言うのを聞いて、ようやく私も腰を上げました。

あそこからは彼の出した精液が、ぬるりと垂れ落ちてきました。二回目なのにかなりの量が出ていたようです。

終わると彼は疲れ果てたように、横になって私の胸に顔を埋めていました。そればかりか、安心して眠りについてしまったのです。

そんな姿を見ていると、まるで体の大きな赤ん坊のように思えてきました。やはり、母親の温《ぬく》もりを心のどこかでは求めていたのでしょうか。

こうして私たちは、親子でありながら男女の関係になってしまいました。

私にとっては息子であり、セックスのパートナーでもあります。相変わらず彼は売れない画家のままですが、夢を諦めるつもりはなさそうです。

私も彼を支えるために、ヌードモデルを続けています。自分で言うのもなんですが、描いてもらった絵はなかなかのできばえでした。

でも、もし彼が有名になってしまったら、私たちの生活も変わってしまうかもしれません。

そう思うと、ずっとこのままでいてくれたらいいのに、なんて勝手なことを考えてしまうのです。

献身的に介護をする我が子に迫られて熟成した身体を差し出す六十路実母！

久保田文枝　無職　六十五歳

夫は五年前に癌でなくなりました。まだ七十歳前でしたから昨今では早死にだったと思います。一人息子はとっくに独立して家庭を持っていますし、私は一人暮らしになりました。気楽と言えば気楽、淋しいと言えば淋しい、といったところでしょうか。六十五歳と言えばまだ現役といってもいい年齢ですし、元気そのものとは言えなくても、日常生活には何の支障もありません。

ところが先月、階段で転んで骨折してしまったのです。やはり運動神経や骨の強度は若いころと同じとはいかないようでした。右足を完全にギプスで固定していては買い物にも行けませんし、トイレはなんとかなるにしてもお風呂は無理でした。

そんな私を心配して、息子が毎日会社帰りに寄ってくれることになりました。息子の嫁はフルタイムの一般職で働いていますし、私と険悪とは言わないまでもけっして仲がいいわけでもなく、息子の世話になるしかありません。

駅前のスーパーで総菜や食材を買って、簡単な食事を用意し、そのまま私といっしょに食事をして、後片づけをしてから帰宅するのです。

久しぶりに息子と二人で向き合う時間が増えたことは、私にとってうれしいことでした。大切な一人息子ですから当然です。

結婚を機に親の手から離れてしまった息子でしたが、どうやら夫婦仲はそれほど良好とは言えないようでした。嫁の興味は仕事と子育てに向けられていて、夫である息子は二の次三の次、息子の片思いといった趣《おもむき》で、夜の生活もずっとないようでした。

中高年の息子を溺愛《できあい》する還暦の母というとなんだか不気味ですが、人が愛情を注ぐ相手なくして生きられないのは年齢に関係ないようです。息子の世話になったり四方《よも》山《やま》話をするのは、私をずいぶん癒してくれました。

そこまでなら何の問題もなく、美談といってもいいくらいなのですが、それがそういうわけにもいかなくなりました。息子と肉体関係を持ってしまったのです。

入浴介助をしてもらっていたときのことです。入浴といっても浴槽につからず、洗い場で濡れタオル清拭《せいしき》をするだけです。息子は脱衣所で衣服を脱ぐのを手伝い、あとはアコーディオンカーテンの前で待機して、呼ばれたら手伝うといった段取りでした。

その日、私はどうしても湯船につかりたくて、それならばと息子は浴槽に浅く湯を張ってくれたのです。あとは息子もいつものように表で待機していたのですが、手をすべらせて浴槽の底に尻もちをついた私の悲鳴を聞きつけて、息子が浴室に飛び込んできたのでした。

大事には至らなかったのですが、とにかくそのまま息子は私を横抱きに抱えて浴室から連れ出し、居間に運ばれてソファに横たえられました。

ケガがないことを確認して、私はあらためて息子の目の前で裸身をさらしている自分に気づきました。急に恥ずかしくなり、いまさらのようにバスタオルで体を隠したのですが、息子はそんな私をじっと見つめていました。

母を慕《した》う息子の目ではなく、女を見る男の目でした。獲物を狙う肉食獣の目といってもいいかもしれません。

「ねえ、母さん、父さんが死んでからずっとしてないんでしょ？　そういうこと、俺としてみない？」

息子にそんなことを言われて私は絶句しました。なんと答えればいいのかわからず黙り込んでいると、そのまま強引に抱きすくめられました。顎をつかまれて唇を奪われました。欲情のこもったキスでした。舌が挿し入れられ、唾液が流れ込んできました。けっして不快ではないのですが、快感を覚えるには背徳感が大きすぎて、とうてい受け入れることのできるものではありませんでした。

「だめよ、こんなこと。親子なのに……」

私は息子の胸に両手を突っ張って、なんとか体を離して言いました。

「でも、俺はしたい。ずっとしたかったんだよ」

息子はそう言うと、さらに力を込めて私を抱き締め、またキスしてきました。そのまま唇を首筋へと這わせます。

「あ……」

そこは性感帯でした。首筋にざっと鳥肌が立ち、妖しい感覚が全身に走りました。

「だめだったら……ねえ、もうやめて」

私はなんとか、息子を思いとどまらせようとしました。そもそも、私はそれほど性的なことに長《た》けたほうではなく、死んだ夫ともずっとしていませんでしたし、それで不満ということもありませんでした。

もちろん結婚当初はふつうに夜の生活はありましたし、夜の悦びも知ってはいるつもりですが、子作りを終え、子育てを終えてまで肉欲にふけるなんて、考えたこともありませんでした。

この年齢になっていまさらのように、誰かの性欲の対象になるとか、ましてや自分の性欲を開放するなんて、それは私の人生の予定に入っていないことだったのです。

「ねえ、お願い。お母さん、そういうこと好きじゃないの」

しかし、息子は聞く耳を持ってくれませんでした。私を抱きすくめ、胸に顔を埋《うず》めてくるのです。この胸にかかる重みは、私にとってもなつかしいものでした。

息子を抱っこして授乳したときの記憶は、特別な愛情の記憶です。ほかでもない当の息子が、いままた私を慕ってくるということ自体は歓迎できることでした。

私は、幼子にするように息子の頭をなでました。それは反射的なことだったのですが、息子に誤解させてしまったかもしれません。私が受け入れたと思った息子は、バスタオルを剝ぎ取って、直接私の乳房にむしゃぶりついてきたのです。

「あ、だめ！　そ、そんなこと……」

息子は私の乳房をわしづかみにして、乳首に吸いつきました。乳首はとても敏感なところです。舌先や指先、あるいはそれこそ性器と同じくらいに感覚神経が集中していると聞いたことがあります。そんな知識とは関係なく、自分の乳首がとても感じやすいということは知っていました。でも、ちゅうちゅうと音を立てて乳首を吸う息子に対して、母親として私は何が言えたでしょう。無下に突き飛ばすことはできませんでした。胸だけなら、おっぱいを吸うだけで満足してくれるなら、それは母子のスキンシップとしてぎりぎり許される範疇《はんちゅう》ではないか？　そう思いました。

「胸だけよ？　おっぱいだけで満足するのよ？　それより先は、だめだからね？」

私は息子の耳元でそうささやいたのです。息子も納得してくれたように見えました。許しを得た息子は、思う存分に私の乳房をもみしだき、乳首をいじりました。舌先で乳輪の輪郭をなぞり、同心円を描くようにしてまた乳首に至る。そうして乳首に吸いつくと、ちゅうちゅうと痛いくらいに強く吸いつく。その繰り返しです。

でも、ちょっとまずいことになりました。またしても妖しい感覚が、むずむずと沸き起こってきたのです。それは、私の肉体の奥のほうからやってきました。

下腹が熱くなり、子宮の形が意識されました。ちょうど空腹時に胃の形が意識されるような感覚でした。これほど女の肉体を持て余したことはありません。自分の体を恨めしく思ったこともありませんでした。

「はぁあああ……」

熱のこもった吐息が洩れました。それはため息でも深呼吸でもなく、女のヨガリ声に限りなく近い、はしたないものでした。欲情にかられる息子が、それを聞き逃すわけもありません。

「気持ちいいんだね？　母さん」

「ち、違う……」

私が否定する前に、息子の手が下半身に伸びます。

「あっ、だめ！」

払いのけるより先に、手は私の股間に届きました。

「思ったとおりだ……母さんのここ、もうこんなになってるじゃないか」

息子に指摘されるまでもなく、私の性器が溢れる粘液で、びしょ濡れになっていることは自覚できていました。乳房の愛撫に反応した女の肉体は、子宮を疼かせて、ペニスを求めているのでした。

「気持ちいいんだろ？　正直になりなよ」

そう言って、息子は私の股間をまさぐりつづけました。ぴったりと閉じた内腿は男の力でこじ開けられ、指先が女陰をいじりました。

「だめ、だめだったら……おっぱいだけって、おっぱいだけって言ったじゃない！」

私は息子の体を押しのけようと両手を突っ張りました。立てるものなら、走れるものなら、私はその場から逃げ出していたでしょう。でも、骨折してギプスで固められた不自由な脚では、それもかないません。

「母さんだって気持ちいいんだろ？」

「そういう問題じゃないから！」

気持ちよければいいというものではないのです。息子にアソコを愛撫されて快楽に溺れるなんて、母として、人として許されることではありません。

私がさらに言い募るのを封じるように、息子は体勢を変えて私の股間に取りつきました。私の足元にひざまずいて、両脚を抱え込むようにして、あろうことか私の女陰にむしゃぶりついたのです。

「あぁぁあ……だめよ！　そこは、だめだから！」

女陰に唇を押しつけられて、平気でいられるはずがありませんでした。直截的《ちょくせつてき》な快感が、陰部を中心に全身に広がります。背筋を走る快感が脳天を貫きました。

「やめて！　お願い！」

私は身をよじり、両脚を堅く閉じましたが、息子の側頭部をむだに締めつけるだけで、何の役にも立っていませんでした。

「ひぃいいい！」

私は悲鳴をあげて、むだにもがきました。そうするうちにも、息子の唇は大小陰唇を押し広げ、膣口をなぞって愛液を舐め取る舌先が、そのままクリトリスを探り当て息子は痛いのではないか？　鼻血を出させてしまうのではないか？　と思わず心配してしまうほどでした。

私の腰はびくびくと痙攣して、はからずも股間を息子の鼻面によけいに押しつけてしまいました。痙攣はあくまでも不随意運動ですから自分で止めることはできず、私の恥骨と息子の鼻骨がごつんごつんとかなりの勢いでぶつかります。私はともかく、

私はあられもない悲鳴交じりの大声で叫びましたが、息子はやめてくれるどころか、ますます強く激しく私のアソコを舐めしゃぶるのでした。

「ああ、それだめ……感じすぎちゃうからだめ。刺激強すぎるからだめ……」

吸引の真空状態でクリトリスは膨張し、表面積の拡大が性感神経をよけいに敏感にしました。たぶん理屈はそういうことなのでしょう。とにかく、凄まじい快感がクリトリスから全身に波及しました。

十センチはお尻が宙に浮いたような気がします。息子はクリトリスを包皮ごと吸い上げ、口中の舌先で剝き身のクリトリスをいじりました。

まるで感電したみたいに、私の全身がソファの上でビクンと跳ね上がりました。

「あひぃいい！」

ました。

息子はクリトリスを中心にむしゃぶりつきながら、さらに指を割り込ませてきました。ここ何十年か、何も受け入れることなく平穏無事に閉じていた私の膣口が、犯されようとしていました。恐怖と嫌悪感に身震いしました。

「だめ、やめて！　お願い……」

私の懇願を聞き入れてくれる息子ではありませんせした。指は容赦なく膣内に侵入してきました。

「あぁあああ！」

息子の唾液と私自身の愛液にうるおっていたせいでしょうか。息子の太い指は、予想していたような痛みもなく、私の膣内の最奥部にまで一気に挿入されました。

無理なく奥まで指を受け入れてしまえたことが、逆にショックでした。自分ではとっくに閉じているつもりだった性器が、こんなにも無防備に異物の来訪を待ち構えていたなんて。

そして快感がやってきました。膣内は研ぎ澄まされた性感神経の宝庫でした。

敏感さ、生み出される快楽の大きさは、首筋や胸はもちろん、クリトリスさえも凌《りょう》駕《が》するものでした。

「ああ、すごい！　中、すごい！　すごく感じる……」

息子は我が意を得たりとばかりに、勢い込んで指を出し入れし、膣内の肉襞をかきむしって刺激を送り込みました。

愛撫というには激しすぎる乱暴な指づかいでしたが、私の膣内に張り巡らされた神経は、しっかりとそれを快感として受け止めるのでした。そのうちに、ビクンビクンと指の動きに合わせて腰が跳ね上がりつづけていましたが、それだけではすみませんでした。次第に体じゅうががくがくと震えだしたのです。

「な、何か、変なの……何なの？　どうなっちゃうの？」

息子が、股の間から私を見上げます。

「イキそうなんだろ？　母さん、イケよ。イカせてあげるから」

そうか、これがイクということなんだ。私はいま、イクところなんだ。そう思いました。イクのは初めてでした。これまでの人生で絶頂の経験はありませんでした。

私は、息子に愛撫され、膣内を指でかき回されて、絶頂を経験しようとしているのでした。

あらためて股間に目を向けると、一心不乱に私の性器をむさぼる息子と目が合いました。何十年も前に、ほかでもない私の股から産まれ出てきた私の息子です。産まれたばかりの息子をひと目見たくて、分娩台から伸び上がって自分の股間をのぞき込んだ、まさにその位置に大人になった息子の顔がありました。

こんな罪深いことが許されていいものでしょうか。いいえ、許される訳がありません。私は目の前が真っ暗になるのを感じました。

人の道にはずれたことです。明日からはもう表を歩けなくなるでしょう。死んだ夫にも、息子の嫁にも、孫たちにも、合わせる顔はどこにもありません。

私は息子ともども、畜生道に堕ちようとしているのでした。

「ああ、気持ちいい、すごく感じる……ああ、ああ、あああ！」

真っ暗になったはずの視界に、真っ白な光が弾けました。もう何も考えられませんでした。ただただ快楽の中にありました。

畜生道を抜けるとそこは極楽浄土、などということがあるのでしょうか。そんなことを頭の隅で思いながら、私はそのまま意識を失ってしまったのでした。

意識を取り戻すと、私は寝室のベッドに運ばれていました。傍の息子が心配そうにのぞき込んでいました。

「母さん、大丈夫かい？」

優しい息子なのです。いとしい息子なのです。

「悪かったよ……つい、自分を抑えられなかったんだ」

私を失神させてしまったことでしょげ返る息子は、幼いころの素直な子どものままでした。私はいとしさが込み上げて、半身を起こして息子を抱き寄せました。

「母さん、とにかく、何か着ないと。風邪引くといけないから」

そう言われて、私は自分がまだバスタオルを巻いただけの裸なことを意識しました。衣服を取りにいこうとする息子の腕を、私はつかみました。そんなことよりもっと大事なことがあったからです。

「私はイッたけど、あなたはまだでしょう？　イキたいんじゃないの？」

今度は息子が絶句する番でした。

「母さん……」

私の顔をまじまじと見つめる息子の前で、私はバスタオルをはだけました。

「したかったら、最後までしてもいいよ？」

別に開き直ったとか、ヤケクソになったというわけではないのです。ただ、息子に女陰をさんざんになぶられて、イカされて、世間体や体面や体裁といったことよりも、少しだけ大切なことがあることに気づいたのです。

息子がしたいと思うことを、母親である私が受け入れる。息子の願いを母親がかなえてあげる。それは一概に責められることではないのかもしれない。それが私の得た実感でした。

「母さん、いいのかい？」

うれしそうな息子の表情を見て、私は自分の判断がまちがってないと思いました。まだまだ男盛りの息子が、嫁とセックスレスというのは、当然苦しいことでしょう。そしてそれは、母親の私がなんとかしてあげられることでした。

息子が服を脱ぐと、おち○ちんはもう大きくなっていました。ベッドに並んで横たわると、息子は私を横抱きにして、キスしてきました。

「ああ……」

熱い吐息が洩れました。絶頂の余韻で下腹部はまだ熱を持っていて、キスを引き金にしてその熱が全身に広がりました。

息子が私の手を取って自分の股間に導きます。私はおずおずと、息子のおち○ちんを握りました。幼いころの、おしっこトレーニング以来のことです。あれは何十年前になるのでしょうか。

とにかく、息子との行為は追憶というか、過去の追体験ばかりでした。そもそも母と子は、性的ではないにしても、妊娠出産はもちろん授乳も下の世話も、しっかりと生殖の深いところで繋がっているのです。

「母さん、口で、できるかい？」

息子はフェラチオを望んでいました。いろいろ奥手というか淡白というか、そういう行為から縁遠く生きてきた私です。もちろんフェラチオの経験もありませんでした。実は夫から頼まれたことはありましたが、そのときは断ったのです。夫も無理強いをするような人ではありませんでしたから、そのままやらずじまいでした。夫に対して無理なことでも、息子が相手ならできます。それが母親なのだと思います。私は身を乗り出して、おち○ちんと向き合いました。

「どうすればいいの？」

なにしろ未経験のことですから、勝手がわかりません。

「父さんにはしなかったの？」

息子は驚いたようにそう言いました。

「それはなんだか、申し訳ないというか、光栄だな……」

そんなことを言います。やはり男の子は父親と張り合いたいものなのでしょうか。

「どうやってもいいんだ。母さんの好きにして。舐めたり、口に含んだり」

私は言われるままに、おち○ちんを舐めました。先っぽあたりが気持ちいいようでしたので、そこを中心に、舌を這わせます。舐めると、ただでさえぱんぱんに張りつめた先っぽが、さらに一回り膨張して痛々しいくらいでした。慰撫《いぶ》するように口に含めば、痛みも和らぐかとそうしてみましたが、逆にますます膨張させるばかりでした。

「ああ……」

息子の嘆息を頭上に聞きながら、私は一所懸命おち○ちんを舐めしゃぶりました。そうするうちに、だんだんとコツがつかめてきました。要するに、女陰の中でおち○ちんが感じる感覚を、口で再現すればいいのだと気づきました。

口を性器のようにすればいいわけです。セックスでは男の人が腰を振って出したり入れたりピストンするものですが、フェラチオではそのかわりに女が首を振れば、同じようにおち○ちんがしごかれます。私は息子の反応を確かめながら、おち○ちんに吸いつきながら頭を上下させました。

「ああ、母さん、すごくいいよ。すごく気持ちいい……」

私のやり方は、まちがっていないようでした。

「指も使って。根元のあたりを握って、しごいてくれる?」

請《こ》われるままに、そのとおりにしました。粘液の塩気に反応してか、口中に唾液が溢れます。

「いいんだ。唾は飲み込まないで。そのまま垂らして。それが気持ちいいんだ」

なるほど、確かに唾液は密着度を高めるでしょう。女陰の中は分泌液でうるおっているものです。ヨダレがそのかわりになるのかもしれません。溢れるヨダレを垂らすままにして、根元をしごく指でそれをおち○ちん全体に塗り伸ばすようにしました。

「ああ、母さんのフェラ、すごいよ。もうイッちゃいそうだよ」

息子の喜びは母親の喜びでもありました。私は息子の顔がもっと見たくて、少し向きを変えてその表情が確認できる体勢になりました。私は息子と見つめ合いながら、いっそう熱を込めて頭を振り立て、おち○ちんを舐めしゃぶりました。

「このままイクよ！　出しちゃっていいよね？」

目でうなずきました。伝わったのでしょう。息子が目を閉じ、絶頂を受け止めました。ぎゅっと全身に力が込められて、筋肉が緊張します。

私の体の下で両脚がピンと伸びました。中年になってゆるんだ印象の息子でしたが、こんなにも力強い筋肉があったことに驚きました。同時に、私の口の中で、ぱんぱんに膨れ上がったおち○ちんが破裂しました。

大量の粘液が私の口に溢れます。息子の精液です。粘度の高い液体は喉に引っかかり、簡単に飲み下すことのできるものではありませんでしたが、吐き出すわけにもいかず、そのまま喉を鳴らして飲み干しました。

私たちは脱力して、その場に寝そべっていました。どのくらいそうしていたでしょう。すでに真夜中を過ぎていました。明日も会社はあるだろうし、嫁も心配するのではないかと思いましたが、息子は気にならないようでした。

「そんなことより、ちゃんと最後までしたい。母さんとセックスしたいんだ。ちゃんと繋がりたいんだよ。いいだろ?」

息子はそう言いました。たっぷりと精液を出して十分すっきりしたのではないかと思っていましたが、そうではないようでした。見ると、息子のおち○ちんは再び大きくなっていました。

片脚が膝を越えてギプスで固められていますから、寝そべったまま大股開きはできません。いろいろと試行錯誤したあげく、私が横向きになり、息子は尻をつけて座って、横から挿入しました。そんなやり方があるなんて、私は思いもしませんでした。でもちゃんとおち○ちんは、私の膣内に入ってきました。

「ああ、広がる、大きい。それ、無理かも……あ、あ、あむぅう!」

膣口がこじ開けられ、あり得ないくらいに広げられる感覚がありました。あたりまえのことですが、指とおち○ちんはまったく違いました。圧迫感が段違いでした。それでも私のアソコは、けなげにもおち○ちんを全部咥え込むことができました。ずっぽりと根元まで、おち○ちんの先っぽが膣内のいちばん奥まで届くくらいに深くです。それを確認した息子が、ゆっくりと腰を引きました。

「ああ！　こすれる……中が、中のお肉が、こすれるぅ！」

硬く張りつめたおち○ちんのカエシが、膣内をかきこすりました。そして、それは私の性感神経をダイレクトに刺激しました。ものすごい快感でした。

息子がまた腰を突き入れて、おち○ちんが奥まで届きます。激しいピストンが始まりました。ああ、これがセックスなんだなと思いました。愛撫や指戯がただの前戯にすぎないことを、あらためて思い知りました。

「気持ちいい！　すごく、気持ちいいの！」

私の反応に気をよくした息子が、さらにピストンを強めます。

息子の下腹部が私のお尻にぶつかって、パン、パンと小気味のいい音を立てました。同時に伸ばした手で私の乳房をもみしだき、乳首をつねり、手を腰の前に回して股間をまさぐって、クリトリスを刺激します。

そのいちいちが気持ちよくて、私を忘我に追いやるのです。ビクンビクンと息子の腰の動きに合わせて私の腰は跳ね上がり、すでに体じゅうががくがくと震えだしています。ついさっき味わったばかりの感覚です。絶頂の予兆でした。

「ねえ。気持ちよすぎるの。どうにかなっちゃうよ……母さん、またイッちゃうよ」

私は肩越しに息子を見上げて言いました。いとしい息子は、そんな私を見おろして優しく微笑みました。

「いいよ。何度でもイケばいいんだよ。母さん」

私はそんな息子の優しい目を見つめながら、二度目の絶頂に向かいました。かつて私の胎内で臍《へそ》の緒で繋がっていた息子が、いまはおち○ちんで繋がっているのでした。

「ああ、イク、イク、イク！　イッちゃうぅうう！　ひぃいぁあああ！」

私は喉も裂けよとばかりに叫び、全身を痙攣させて、快楽の渦に呑み込まれていったのです。

以来、息子との関係は続いています。嫁に奪われた一人息子が母の手に還ってきた。そんな感じ方が正しくないということは、よくわかっています。どんな言いわけをしても世間的には近親相姦が罪深く、人の道にはずれた行為であることもわかっています。

私もこんな関係が、ずっと続けられるとも思っていません。でも、せめて骨折が完治するまでは、このままでいたいような気がしているのです。

娘婿の逞しい肉太幹に魅せられて……家族を裏切る背徳姦で連続アクメ！

村西君子　主婦　四十七歳

去年の夏、私の身に起こった出来事を聞いてください。

娘夫婦の住むマンションは隣駅にあり、自宅から歩いて三十分ほどの場所にあります。

夫の出張中、夕方過ぎに娘のもとに遊びにいったときのことです。

事前に連絡すると、娘の美貴《みき》は近所に買い物に出ているらしく、部屋に勝手に入ってもかまわないと言われました。

そこで合鍵を使って部屋に入ったのですが、その日はものすごく暑かったので、とりあえずシャワーを借りようと浴室に向かったんです。

引き戸を開けたとたん、娘婿の博和《ひろかず》さんが全裸の状態でたたずんでおり、私におおい被さろうとしました。

「きゃあぁあっ！」

「あ、お、お義母《かあ》さん!?」

彼は娘より二つ年上の二十五歳で、内装業の仕事をしています。

あとで話を聞いたところ、この日は仕事が早く終わったらしく、帰宅したときには娘はすでに外出しており、シャワーで汗を流していたそうです。

玄関口から物音が聞こえた際、てっきり美貴が帰ってきたのかと勘違いし、驚かしてやろうと、声を潜めて待ち構えていたとのことでした。

もしかすると、そのまま夫婦の営《いとな》みになだれこもうと考えていたのかもしれません。

ペニスが大きくなっていて、ほんとうにびっくりしました。

「こんな恥ずかしい姿を、ホントすみません……」

「わ、私こそ……ごめんなさいね。黙って入ってきて」

顔を真っ赤にして股間を隠す博和さんに申し訳なく、私はあわてて戸を閉めてリビングに戻りました。

その日はとにかく気まずくて、夕食は味もよくわからず、泊まっていったらと言う娘の誘いを断り、早々と帰宅しようとしました。

「ねえ、あなた、車で送ってあげて」

「いいの、いいの、歩いて帰るから」

コロナの影響で、なるべくなら電車やタクシーは利用したくありません。もちろん本当の理由は、博和さんと二人きりになりたくないという思いからでした。

「行きも帰りも歩きじゃ、たいへんでしょ？　あなた、送ってあげて」

「……うん」

「言っておくけど、寄り道したらだめだからね」

「わ、わかってるよ」

彼はいわゆるヤンチャなタイプで、パチンコが大好きらしく、娘はキッとした表情で釘を刺しました。

結局、断ることもできずに車で送ってもらう羽目になり、私と博和さんはマンションをあとにして駐車場に向かいました。

自宅までの道中、車内の重苦しい雰囲気はとてもつらかったです。

会話はほとんどなく、緊張に耐えられなくなった私は、再び謝罪の言葉を告げました。

「さっきは……ほんとうにごめんなさい」

「いえ、ぼくが悪いんですから。でも……あんな姿を見られちゃうなんて、恥ずかしくて死にたくなりましたよ」

そり勃《た》ったペニスが頭の中を駆け巡り、体が熱くほてりました。夫とはもう三年以上もセックスレスで、いまにして思えば欲求不満が溜まっていたのかもしれません。

「あのことは、二人だけの秘密でお願いします」

「え、ええ……もちろんよ」

自宅に到着すると、安堵《あんど》から疲労感がどっと押し寄せたのですが、考えもしていなかった言葉が口をついて出ていました。

「少し、上がってかない？」

「……いいんですか？」

「博和さん、コーヒー好きでしょ？　主人が、コーヒーメーカーを購入したのよ」

「あ、その話、美貴から聞きました。でも……」

「遠慮しないで」

「わ、わかりました。ちょっと待ってください。美貴に連絡しますんで」

お茶に誘ったのは、心のどこかで何かを期待していたのかもしれません。

玄関扉を開け、間口に上がったところで博和さんがあとからやってきました。

「暑いし、アイスコーヒーのほうがいいかしら……あっ」

背後から抱きつかれたときはめんくらい、緊張から腋の下が汗ばみました。

「ど、どうしたの？」

「お義母さんに見られてから……なんか悶々《もんもん》としちゃって」

「そんなこと言われても……困るわ」

「最近の美貴、仕事が忙しいって言って、つれないんです。だから、溜まりに溜まっちゃって……」

「だったら、早く帰ったほうがいいんじゃない？」

「ホントはそうするべきなんでしょうけど……こうなったら、告白します。俺、お義母さんのことが、ずっと好きだったんです」

「……え？」

「初めてお会いしたときから、きれいな人だなと思ってました。それに優しいし、温かくて……美貴との結婚を決めたのも、この人と家族になれたら嬉しいなと思って」

博和さんは小学生のときに母親を亡くしており、父親と父方の祖母に育てられたそうです。母親の愛情に飢えていたのかもしれませんが、とにかくびっくりして、体が硬直しました。

「……わかったわ。わかったから、離れて」

「いやです。さっきのあの出来事は、きっとこうしろという神様の思し召《おぼ》《め》しだったんですよ」

「そんなの、無茶苦茶だわ。とにかく離れて……あっ」

ヒップに当たる硬い物体は、まぎれもなく男性器としか考えられませんでした。

またもや浴室で目にしたペニスが頭をかすめると、体温が急上昇し、年がいもなく胸がドキドキしました。

「私は……美貴の母親なのよ」

「わかってます。わかってるから、これまでずっと我慢してたんです。でも、好きです、好きなんです！」

そんなストレートな愛の言葉をかけられるなんて、何年ぶりのことでしょう。

体の奥で眠っていた女が頭をもたげ、気持ちがぐらぐらと揺らぎました。

もちろん相手は娘の夫であり、義理の息子なのですから、一線を越えるわけにはいきません。

禁断の関係に手を染めれば、地獄に落ちることになる。そう考えた私は、無理にでも気を鎮め、落ち着いた口調でたしなめました。

「だめよ……さあ、コーヒーを入れてあげるから、手を離して」

手をそっと払い、振り返ったとたんに唇を奪われたときは目を白黒させました。

そのまま壁際まで押しやられ、さすがにあせりましたが、下腹にあてがわれた股間のふくらみのせいで、正常な思考が奪われました。

「ン、ンぅぅ」

両手首はがっちり握られているので、逃げ出すことはできません。

おそらく、博和さんはかなり女慣れしていたのではないかと思います。

キスがとてもうまくて、舌が生き物のようにくねり、脳みそばかりか骨までとろけそうな感覚でした。

「はあぁぁっ」

長いキスが途切れ、唇が離れた瞬間、私はうつろな表情をしていたのではないかと思います。脱力しているすきに今度は胸をもまれ、逆側の手がスカートをたくし上げました。

「あ……だめっ」

さすがに拒絶の言葉を放ったものの、彼の手はひと足早く敏感な箇所をとらえていました。

「やっ……」

繊細な動きを繰り出す指先がショーツに浮き上がったポッチをいじり、強烈な刺激が股間から脳天を突き抜けます。

「だ、だめ……やめて」

「お義母さん、すごいです。パンティから、愛液がにじみ出してますよ」

そんなわけはないと思いたい一方で、確かに体は燃えるように熱く、子宮の奥がひりつくたびに愛液が湧き出しているのは自覚していました。

「いやっ……あ、ンぅぅ」

「ここですか？　ここが気持ちいいんですね」

クリトリスを執拗《しつよう》にいじられ、体にまったく力が入りませんでした。

泣きそうな顔で見おろすと、博和さんの股間が目に入り、知らずしらずのうちに胸が騒ぎました。

布地の中心部が、いまにも張り裂けそうなほど盛り上がっていたんです。

とたんに自制心が霧のように失せ、私は両手を伸ばして男のふくらみを包み込んでいました。

「お、ふっ！」

「……あぁ」

鉄の棒を仕込んでいるかのような感触が手のひらに伝わり、同時に心臓が早鐘を打ちました。

私は唇を舌でなぞり上げ、ふくらみを握っては放し、なでさすってはペニスの形状を堪能《たんのう》していました。

「はあぁ、じ、自分から……さわるんですか？　そんなことしたら、我慢できなくなっちゃいますよ」

耳元でささやかれた言葉は頭に入らず、ただ背筋がゾクゾクし、女の園が熱くほてりました。

私がペニスをいじる間、博和さんはヒップをなで回し、ときにはギュッギュッとわしづかみ、あまりの気持ちよさにボーッとしていたのではないかと思います。

ようやく我に返ったのはショーツを引きおろされたときで、さすがにこれ以上はと理性が働き、腰をよじって抵抗しました。

「やっぱり、だめっ！」

「そんな、いまさら止まらないですよ！」

「は、離して……あ」

ショーツを片手で押さえた瞬間、彼の右手が前面部に回り込み、指先が女の感じる部分をとらえました。

「……ひっ」

くにくにとこね回されるたびに、またもや体から力が抜け落ち、代わりに巨大な快感が襲いかかりました。

「す、すごいです。クリちゃんが、こんなに大きくなって……ほら、この音、聞こえますか？」

くちゅくちゅと卑猥な水音が鳴り響き、大量の愛液が溢れていることは疑いようのない事実でした。

「だめ……だめ」

弱々しい声で訴えてはみたものの、快感は急角度の上昇カーブを描き、頂点に向かって昇りつめていきました。

「いや、いやぁぁっ」

私はあっけなく絶頂を迎え、腰を激しくわななかせたんです。

意識が朦朧《もうろう》とし、半ば失神状態に陥《おちい》ったところで博和さんは腰を落とし、引きおろしたショーツを足首から抜き取りました。

彼の姿はまったく目に入らず、陶酔の余韻にひたっている最中、再び女芯に快感が走りました。

「……あ」

博和さんは私の股間に顔を埋《うず》め、舌で割れ目を舐め立てていたんです。

「やっ、だめぇ」

猛烈な羞恥に見舞われたのも束の間、舌先が跳ね躍《おど》るたびに甘美な悦びが身を駆け抜け、私は壁に背を預けて口を引き結びました。

これ以上、はしたない姿は見せられないし、見せたくない。

頭の隅に残る理性を懸命に手繰り寄せる中、彼の舌は器用な動きを繰り返し、ピンポイントでクリトリスに刺激を与えてきました。

「あ、あ、あ……」

とにかく気持ちがよくて、私は天を仰いだまま、二度目のエクスタシーの波に呑まれてしまったんです。

足にも力が入らず、もはや立っていることすらままなりませんでした。

そのまま床にペタンと腰を落とし、うつむき加減で喘いでいると、ジジジッとジッパーを引きおろす音が聞こえてきました。

「はあ、ふう、はあ……お義母さん、ほら、見てください。スケベなお義母さんの姿を見てたら、こんなになっちゃいましたよ」

ふと顔を上げると、逞しい男性器が目と鼻の先に迫っていました。

赤黒い亀頭、がっちりした肉傘、ミミズをのたくらせたような血管。グロテスクと思えるほどの昂《たかぶ》りに目を見張ったものの、私は無意識のうちに生唾を呑み込んでいました。

「先っぽから、エッチな汁が出ちゃってますよ」

「あぁ……」

獣じみた男性フェロモンと汗の臭いが鼻先をかすめた瞬間、彼が娘の夫で、義理の息子だという事実は遙か彼方へと吹き飛びました。

気がつくと、私は脇目も振らずにペニスにむさぼりつき、顔を左右に打ち振りながら舐め立てていたんです。

「お、お、おぉ」

頭上から洩れる喘ぎ声に後押しされ、陰嚢から根元、裏筋からカリ首まで無我夢中で舌を這わせました。

「はあ、すごい……さすがに熟女のフェラチオは年季が入ってますね。すぐにイッちゃいそうですよ」

「はふっ、はふっ、は、ふぅン」

鼻から甘ったるい声を放ち、飢えた牝犬のようにおしゃぶりしていたのですから、とてもはしたない姿だったと思います。

でも、あのときの私は自分をすっかり見失い、ただ本能の赴くまま博和さんを求めていました。

じゅぽっ、じゅっぱ、じゅ、じゅ、じゅるるるっ！

派手な音を立て、唇をすぼめてペニスを吸い立てると、博和さんは腰をふるわせ、歓喜の雄叫びをあげました。

「あぁ、そんなに激しくされたら……むおぉ……も、もう我慢できませんよ！」

「あ、ンっ」

彼は口から勃起を抜き取ると、忙しなくズボンとパンツを脱ぎ捨てました。そして、私の手首をつかんで立たせるや、廊下の奥に突き進んだんです。

「ちょ、ちょっと、どうするの？」

彼は私の問いかけに答えず、リビングの照明をつけたあと、またもや唇を重ね合わせてきました。

「ンっ、ンうっ」

大きな手が股ぐらに忍び込み、ツンと突き出たクリトリスを弾かれただけで、アクメに達しそうなほど昂っていました。

「は、ふうっ」

私も負けじとペニスをしごき、二人の顔と首筋は大量の汗でぬらつきました。

異様な昂奮から体は火のように燃え上がったまま、エアコンはまだつけていなかったのですから当然のことです。

そんな余裕もないほど、私たちは禁断の行為に没頭していました。

「はあっ」

キスが途切れると、唇の間で唾液が透明な糸を引き、またもや意識が朦朧としはじめました。

「手を……手をついてください」

「……え？」

「テーブルに手をつくんです」

言われたとおりの姿勢をとると、スカートがめくられ、ヒップを剥き出しにされました。

「あ、やぁンっ」

「なんて色っぽい声を出すんですか。誘惑してるんですか？」

「そんなつもりないわ。だって、恥ずかしいじゃない」

ショーツを脱がされてしまい、後ろ向きでヒップを突き出しているのですから、あそこは丸見えのはずです。

あわてて体を反転させようとしたものの、ヒップをがっちりつかまれ、熱いかたまりが陰部に押し当てられました。

「あ、やっ」

とうとう過ちを犯す瞬間を迎え、さすがにためらいが生じましたが、愛液で溢れ返ったあそこは、ペニスを自然と手繰り寄せました。

「ひぃうっ」

博和さんが腰を押し進めると、張りつめた亀頭が入り口を通り抜け、あっという間に膣の中をいっぱいに満たしました。

もちろん、リビングでセックスするなんて初めてのことです。

異様なシチュエーションが新鮮な刺激を与えているのか、愛液の量が多く、ペニスもコチコチにそり返っていました。

博和さんはしょっぱなから猛烈なピストンで膣肉をえぐり立て、恥骨がヒップをバチン、バチーンと打ち鳴らし、体が前後にぶれました。

「やぁぁっ」

「ぬ、おおおっ」

あんなに激しいセックスを経験したのは初めてで、私は瞬時にして性の頂《いただき》まで導かれてしまったんです。

「やっ、やっ、イクっ、イッちゃう!」

腰をブルッとふるわせたあと、快楽の高波が打ち寄せ、意識が飛ぶほどの快楽に身も心も委《ゆだ》ねました。

「う、おっ、お義母さん、グイグイ締めつけてきますよ」

博和さんはそう言いながら腰のスライドをさらに加速させ、ペニスが膣壁をこすり上げるたびに、口からよだれがこぼれました。

「やっ、やっ、またイッちゃう、イッちゃう!」

「くう、俺もイキそうだ……」

「お願い、いっしょにイッて……ひいっ!」

彼は腰をグリグリと回転させたあと、ストレートなピストンで子宮口を貫きました。

「イクっ、イクっ、イックうぅっ!」

体が浮遊感に包まれた直後、意識がプツリと途切れ、直後にペニスが膣から抜き取られ、ヒップに熱い精液がたっぷりぶちまけられました。

こうして私は、娘婿と禁断の関係を結んでしまったんです。

美貴から電話連絡があるまで、二人で折り重なるようにして抱き合っていました。

その後は月に二、三回、ラブホテルで逢瀬を重ねています。毎回、これで最後にしようと決意しているのですが、ことあるごとに大きなおチ○チンが頭に浮かんでしまって……。

私って、本当に母親失格ですね。

〈第四章〉

禁忌の愛情と肉悦に囚われる母子の姿

ホテル街で実母の不倫現場を目撃……二人だけの秘密の相姦関係に嵌った私

高畑浩介　フリーター　二十五歳

私は都内のマンションで暮らす四人家族で、昔から放任主義で育てられてきました。仕事にかこつけて留守がちにしている自営業の父親と、同年代の友人と遊び回る専業主婦の母親、女子大生の妹は友だちや彼氏の家に入りびたりで、最近顔さえ見ていません。

そのように、何年も前から家族がバラバラに好き勝手の生活を送っていて、もはや家庭崩壊といってよいほどです。

そういう私自身も、毎日アルバイトか夜遊びで、家にはただ寝るためだけに帰っているようなものでした。デザイン系の専門学校を卒業してからずっと、就職もせずそのようなフリーター生活を送っていたのです。

そんな暮らしに変化があったのは、つい半年ほど前のことです。

その週末の夜、以前のバイト先で知り合った十歳近く年上の女性と飲み歩いた私は、当然のようにラブホテルへ向かったのでした。

彼女とは、すでに何度もセックスをしていました。年の差に加えて人妻ということもあり、お互いに割り切った関係です。

それでも私は、都合のいい相手、という以上に彼女が気に入っていました。顔やスタイルはまあまあですが、セックスのときにこちらの意図に思ったような反応を返してくれる、あるいは求めていることを察して先回りしてくれるような女性でした。

これまで、一夜限りの関係も含めてつきあった女性は、ほぼ同年代か年下ばかりで、彼女のようなタイプの女性はいませんでした。いわば、私は年上女性との情事にすっかり溺れてしまった状態だったのです。とはいっても、さすがに旦那さんから奪ってまで交際しようとは思いませんでしたし、なにより彼女もそれを望んではいませんでした。

ともかくその夜、短い時間でしたが互いに楽しんだ私と彼女は、満足感に包まれてラブホテルを出たのです。

週末の夜のホテル街は、意外に人通りがあります。少しの間に、何組ものカップルとすれ違いました。

彼女は、おそらく私との年の差を気づかってのことでしょう、少し離れて歩いていました。

やがて、前から歩いてくるカップルになにげなく目を向けた私は、思わず立ち止まりました。長身の学生風の男性にしなだれかかるようにして、腕をからめている女性に見覚えがあったからです。

艶《つや》のある茶褐色に染めた肩までの髪、カーディガンを羽織った小柄で胸の目立つ四十路の女性です。

これから入るラブホテルを探しているのか、それとも出たところか、私たちと同じような年の差カップルですが、女性は私の母親の奈津恵《なみえ》にまちがいありませんでした。

薄暗い道での人違いではありません。母もまた私に気づいた瞬間、顔をそむけて連れの若い男の影に隠れるようにしたのですから。

だからといって、何か行動を起こすこともできず立ちすくんでいた私に、年上の彼女が声をかけてきました。

「どうしたの？」

「いや、なんでもない……」

彼女にこんな場所で母親を目撃したとも言えず、私はまた歩き出しました。

家に帰ると、母親は私より一足先に、帰宅していました。

「おかえりなさい、浩介《こうすけ》。何か食べる?」

母親はまるで素知らぬ顔で言ったので、かえって私はホッとした気分になりました。どんな顔をして母親に接すればいいか、内心で困っていたのです。

「いらない。明日、バイトのシフトが朝からだから、もう寝るよ」

「あら、そう。明日は早く帰るの?」

言外に、今夜の彼女のこと言っているのかな? と思いながら私も素っ気なく答えました。

「たぶんね、晩ご飯は家で食べるよ」

そう言い残して自室に戻りましたが、ベッドに横になった私の頭から、ホテル街で見かけた母親と若い男の記憶が消えることはありませんでした。

正直、ショックはあります。けれど、考えてみれば息子の目から見ても、母は四十七歳とは思えないほど若い外見で、客観的に見て魅力的な女性だと思います。それでいて、父親と夫婦らしい会話を交わしている様子もまったくといっていいほどなく、家庭内別居という感じでした。浮気の一つや二つしていても不思議はありませんし、それを責める気もありません。

ただ、なんとなくモヤモヤが胸に詰まって、なかなか寝つけませんでした。自然に、ホテル街での記憶がまたよみがえります。その記憶は、あの学生風の男に抱かれる母親の痴態を連想させました。

気がつくと私は、少し前に満足したはずなのに、自分のモノが大きくなりはじめていることに気づいたのです。口惜しいような後ろめたいような、複雑な感情でため息をついた私は、いつの間にか眠りに落ちていました。

翌日の夕方、バイトから帰宅すると、家には母が一人いるだけでした。

いつもどおりの家庭風景ですが念のため尋ねると、父親も妹も出かけてしまい、今日は帰らないとのことでした。

昨夜のことがあるので、母親と二人きりは、さすがに気まずい空気です。

急いで食事を終えて自分の部屋に籠もろうと考えた私は、そのとき、母親が赤ワインを飲んでいることに気づきました。

「浩介も飲む？　たまにはちょっと、話がしたいんだけど」

「うん、まあ、いいけど……」

あいまいにうなずいた私に、母親はグラスを差し出しました。

話の内容は、聞かなくても予想がつきます。それでもなかなか本題が始まらず、日常のどうでもいいような話題で会話を続けながら、私と母親はワインを飲みつづけました。

どのくらいそうしていたでしょうか、私が酔いを感じはじめたころ、母親がやっと切り出しました。

「ねぇ、浩介、昨日のことだけどさ」

「ああ、あれね……」

昨夜のことを父親はもちろん、誰にも秘密にしてほしいということでしょう。

ふだん、あまり親子を感じない関係でしたが、息子としてはくどくどと母親の言いわけを聞きたくはありません。私は、なかなか切り出せずいる母親を見て、先に口を開きました。

「気にしないでいいよ、母さん。誰にも言ってないし、これからも言うつもりはないから」

目の前の母親の表情に、ホッとした様子があからさまに浮かびました。

それを見て、私は立ち上がりかけます。話はこれで終わり、これ以上話すこともないはずなので、自室で本でも読んで寝てしまうつもりでした。

ところが、母親はそんな私を引き留めたのです。

「いい機会だから聞いておきたいんだけど、浩介って、年上の女の人とつきあってるの？」

「え？」

すっかり忘れていたのですが、昨夜はホテル街で、私たちのほうも母親に見られていたのだったと私はやっと気づきました。

「ほら、浩介もあんな場所で女の人といっしょにいたじゃない？　どう見ても年上の女の人だったし、彼女さんなのかなぁ、なんて思ったから」

母親の口調には、明らかにアルコールの酔いが混ざっています。それに加えて、当面の心配事から解放され、リラックスしているようでした。

「いや、彼女ってわけでもないけど」

「じゃあ、何なわけ？」

説明に困った私もまた、ワインの酔いで大胆になっていました。

結局、あの女性はバイト先で知り合った人妻で、体だけの関係であることなどを話したのです。

黙って聞いていた母親は、ふとまじめな口調で言いました。

「遊びで女の人とするのは、よくないわ。そういうことは、ちゃんとおつきあいしている女の人とするものよ」

「なんで？　年上だろうが人妻だろうが、向こうが喜んでくれるならいいじゃん。それに、そんなこと言ったら母さんだって」

「私と浩介は、まるで立場が違うわ。とにかく、まだ若いあなたには、そういうことしてほしくないのよ」

母親の言うこともわからないでもありません。いまは互いに楽しいにしろ、私とその年上の彼女は、いずれ別れなければいけないことになるでしょう。

それでしばらく、二人の間に沈黙が流れました。

今度こそ部屋に戻って寝てしまおう、そう思ってグラスに残ったワインを飲み干したそのときでした。母親の発したひと言に私は唖然《あぜん》としたのです。

「だったら、私ともする？」

「えっ!?　母さん、酔っ払いすぎだよ」

「それでお互いの性欲が満たせるんだから、いいじゃない。それに、しゃべらないって約束してくれたお礼もあるけれど」

返事を口ごもった私の頭の中で、昨夜想像した若い男に抱かれる母親の姿がよみがえりました。

母親は軽くシャワーを浴びた私を、夫婦の寝室に誘いました。

トランクス一枚だけの私は、シャワーで少し酔いがさめたせいで、この期に及んでもまだ揺れていました。いくら私が年上女性が好みとはいえ、相手は血のつながった実の母親なのです。

黒いレースの下着姿でダブルベッドで待っていた母親は、立ちすくんでいる私に苦笑して見せました。

「こんなに広いベッドなのに、ずっと一人で寝ているのよね。私だって女なのに、かわいそうだと思うでしょ？」

だからときどき盛り場のバーに行って、若い男に声をかけられるのを待っている。浮気だってしたくてしてるわけじゃないと、魅力的な母親は言いわけのように言いました。

私は、目の前にいるのは一人の女なのだ。彼女を抱くことで満足を与えられるのならと決心して、トランクスをおろしたのです。

迷いからまだ勢いを得ていない私のモノを見つめながら、母親はベッドに膝立ちになり、ストリップのように大きな胸を揺らしながらブラジャーをはずしました。淡い室内灯の明かりの中、細く青い静脈の浮く白い乳房が浮かび上がります。大きめの乳輪の色素は薄いほうでした。

思わず唾を飲み込んだ私と見つめ合う格好で、続いて母親はゆっくりとショーツを脱ぎ、ベッドの横に落としました。年齢に似合わず、ぜい肉のついていない腹からヒップのライン、腿の中央の薄い茂みを目にした私のモノは頭をもたげ、やがて完全に天を衝《つ》きます。

「浩介の、そり返っててすごいのね、昔はかわいいおち○ちんだったのに」

視線を私の顔から下半身へと移した母親は、かすれた声で言いました。

「母さんが見かけた、あの女の人からも言われたよ」

「もう、浩介ったら。だったら、彼女とするみたいに私ともして」

言われなくとも、そのつもりでした。

私は母親を抱き締めると、体重をかけないように注意して横たえます。肌の柔らかさ、温かさ、そして甘い匂いは、私になつかしさを感じさせました。

肌を密着させているだけで、ひとつになっていくような感触です。考えてみれば、幼いころは逆の立場で抱かれていたのですから、当然かもしれません。

けれどその一方で、母親の下半身に押しつけられた硬く大きくなったモノに不思議な感触が伝わり、いまは自分が単なる男なのだと自覚させるのでした。

キスをしてきたのは、母親のほうからでした。それも、舌を差し入れ、私のそれとからませる濃厚なものです。やっと唇を離したあと、母親は照れたような困ったような顔でボソリと言いました。

「もう、親子のキスじゃないわね」

その表情を見た瞬間、私の中にかすかに残っていた迷いが完全に消えました。

私は、唇と舌を彼女の首筋から乳首へと、時間をかけて移動させます。その動きに母親はピクリ、ピクリと体をふるわせ、ますます私の男を興奮させました。

「ね、浩介の、もっとよく見せて」

母親に哀願された私は、やっと体を離します。

「俺も、母さんのが見たいな」

以心伝心とでもいうのでしょうか、母親が上になり私たちは自然とシックスナインの格好になりました。

鼻先には母親のアソコが口を広げていました。鞘《さや》がめくれ、先端をのぞかせた敏感な突起は濡れて光っています。

何かしら感動的な気分さえ味わいながら、しばらくその眺めに心を奪われていた私のモノが、いきなり温かくぬめる快感に包まれました。

「うっ」

突然、母親にモノを頬張られた私は、思わずうめいてしまいます。

キスのときと同じように、母親の舌は巧みに動きました。

「ほんとうにすごいわね、こんなの見たことないわ」

一度、唇を離した母親は、かすれた声で言うと、またフェラチオに没頭します。

私も、お返しに舌先で敏感な突起をこね回しました。

その瞬間、腰をビクンと浮かせた母親は、うっと息をつめ、舌の動きを止めました。

そして、私のモノから再び唇を離して、訴えたのです。

「我慢できなくなっちゃったわ、浩介のが欲しいの」

「うん、俺も母さんが欲しい」

母親の下から抜け出した私は、彼女を四つん這いにさせると、ヒップを両手で抱え込み引き寄せます。

「最初からそんなポーズで?」

いきなりのバックスタイルにとまどう母親でしたが、私は構わずモノの根元を握り、充血しきった先頭部を濡れた入り口にふれさせると、一気に腰を突き出しました。ぬめった肉の軽い抵抗を受けながら、私のモノは母親に侵入します。

「あーっ！　すごい、奥まで入ってくるぅ！」

母親は悲鳴に近い声をあげ、白い背中をのけぞらせました。

ついに実の母親とつながってしまった瞬間、肉体的な快感とともに、なんとも表現のしようのない感情が一気に押し寄せます。けれど、不思議と後悔は感じません。逆に、母親をもっと悦ばせてやりたいという気持ちが強く生じました。

私は母親に抜き差ししながら、背中に問いかけます。

「ねえ、母さん、気持ちいい？」

けれど母親は、自分のあげる喘ぎ声で私の質問が耳に届かない様子で、返事らしい返事を返せないでいました。

やがて、母親のアソコが狭くなり、私のモノを絞るように内部が動きました。それだけではなく、奥に引きずり込もうとする動きも加わります。

母親は、言葉ではなく肉体で私の問いかけに答えたのです。

そして、今度は私が喘ぐ番でした。

「すごいよ、母さん！」

私はたまらず、母親の中にたっぷりと注ぎ込みました。

「あぁーっ！」

彼女もまた甲高い声をあげ、シーツを強く握りしめます。背中が何度も波打ち、アンバランスに大きな乳房が揺れるのがわかりました。

「こんなふうになったの、きっと初めてだわ。自分でもわけがわからなくなるくらい感じてしまって、浩介の声も聞こえなかったし、最後は頭の中が真っ白で何も考えられなかったから」

痙攣がおさまり荒い息が落ち着いたあと、初めて交わった感想を尋ねた私に、腕の中の母親はそう語りました。

私もアソコの中があんなふうになる女性は、母親が初めてです。

もしも、男女に体の相性があるというのなら、まちがいなく母親とは最高のそれなのでしょう。血がつながっていることが、原因なのかどうかまではわかりませんが。

そんなとりとめのない会話を交わしながら、私たち親子はときどき唇を合わせ、互いに指先での愛撫を加え合いました。

私のモノは母親の指先のくすぐったいような刺激で、すぐにまた勢いを取り戻していました。母親のアソコも、ピチャピチャと小さな音を立てるほどに、私の指先に反応しています。

「ねぇ、浩介」

母親は私のモノを握り直し、かすれた甘え声を出しました。

私は無言で、母親をあおむけにさせ上になります。今度は一気に奥まで挿入せず、先端部を浅く入れては抜くという動きを繰り返しました。

「もう、じらさないでよ」

母親が私の腰に腕を伸ばし、腰を突き上げます。その動きで、私のモノがぬるりと深く彼女の中に呑み込まれました。

「うっ」

「ああっ」

二人は喘ぎ声を同時に洩らしました。そんなところでも、私たちの相性のよさが感じられました。

体が覚えたのか、早くも私のモノを絞り上げはじめた母親に、私はささやきました。

「そんな締めつけると、すぐイッちゃうよ」

「イッちゃったら、また何度でもすればいいのよ……どうせ、家には私たちしかいないじゃない」

そう言った母親は、すぐにまた喘ぎはじめます。

その表情に興奮が高まった私は、朝まで何回できるか試してみようかと思いながら、あえて乱暴に腰を動かしはじめたのでした。


その日から、母親と家で二人きりになると、どちらからともなくベッドに誘い、拒《こば》むことのない関係になりました。

ふだんの生活の中でも、なんでも話せる歳の離れた異性の友人同士といった雰囲気です。バラバラの家族の中で、私たちだけが秘密を共有することで、強く結びついたかたちと言えるでしょう。

母親としては危険な浮気を繰り返すより、疑われることのない私との関係が好都合のようです。私としても、すぐ身近に極上のセックス対象があるわけで、例の年上の女性とは、いつの間にか疎遠になっていました。

ともかく、まだ当分の間は、母親に溺れていようと思っている私です。

離婚をきっかけに美魔女に変身した母
男を誘う甘美なボディを貪り尽くし！

安井拓也　会社員　二十五歳

昨年、二十五年間連れ添った両親が、すったもんだの挙句、熟年離婚をしました。

原因は父の浮気で、数年前から両親の間ではケンカが絶えなくなり、実家暮らしをしている一人息子の私としては「いい加減にしてくれ」と叫びたくなるような日々が続いていました。

夜、仕事から帰ると、玄関を開ける前から言い争いの声が聞こえてくるのです。

怒る母を父が宥《なだ》め、しかし収まらず、ときには食器が割れたりすることもありました。

母の性格が激しいことは事実なので、はたから見れば母のヒステリーが悪いように見えたかもしれません。しかし、お調子者の父が約束を守らず、言をひるがえしては嘘ばかりついていることを私は知っていました。

ですから、基本的には常に母の味方をしてきましたし、母が探偵を雇って父の浮気の証拠を入手したことも、調停をして慰謝料をもぎ取り、離婚を実行したことも、母のためにはきっとよかったのだと思っています。

ところが、いざ母の親の持ち物だった家から父が出ていってしまうと、母はかわいそうになるほど元気をなくしてしまいました。

ケンカばかりの日々も、母にとっては張り合いになっていたのでしょうか、心配になり、私なりにいろいろと気づかう暮らしが二カ月ほど続きました。

そんなある日、母が突然「拓也《たくや》、お母さん整形するわ」と言い出したのです。

母は四十七歳で、年のわりには若く見えるほうなので私は驚きました。やめさせるつもりで「なんでそんなことするんだよ？」と尋ねましたが、母は「いいじゃない。気持ちの問題よ」と言って聞かず、数日後には手術の予約をとって、ほんとうに整形をしてしまいました。

娘というならいざ知らず、五十手前の母のことです。自分の人生をどうしようと勝手だとは思いつつ、いざ新しい顔の母を前にすると、いったいどう接すればいいのか……落ち着かないことこの上ありませんでした。

整形後の母の顔は、最近の流行《はや》りと言えばいいのでしょうか、目が大きくなり、鼻筋が通って、顎も細くとがっていて、元の顔とはまるで別人でした。

息子としては違和感しかないものの、客観的に見れば成功していると認めないわけにいかず、むしろかなりいい感じなだけに混乱すら覚えました。

「どう、トップクラスのホステスみたいになった？」

そう言ってじっと見つめられると、自分の母とはとても思えず、ついドギマギさせられてしまうのです。

こうして納得のいく顔を手に入れた母がしたことは、あきれたことに男漁りでした。肌の露出の多い格好で飲み歩き、まさかとは思っていましたが、どうやら行きずりの男たちと深い仲になっているようでした。母が朝帰りをして眠りこけている際、テーブルの上に放り出されたままのスマホを盗み見て、私はそれを知りました。

複数の男とのあけすけなやり取りが残されているのを見た私は、落ち込みました。いまの母は独身なのですから何をしようと自由ではあるのですが、息子としては、へんな奴らに母親を汚されているような気がしてたまらなかったのです。

お察しのとおり、母が「トップクラスのホステス」みたいな容姿にこだわったのは、父の浮気相手がそういう女だったからでした。それを思うと哀れですらあり、ますます心配が募《つの》りましたが、悩みの種はそれだけにとどまりませんでした。

母は、父にもらった慰謝料を使ってたくさんの洋服を買い込み、かなりすきなく見た目を演出していました。

もともとスタイルがいいだけに、しっかりと化粧をした母は息子の目から見ても妖《よう》艶《えん》で、しばしば目のやり場に困らされてしまうのです。

タイトなミニスカートや、胸元の大きく開いたブラウスなどは、元の母の顔ならかえってしらけてしまっていたはずですが、顔がトップクラスのホステスとなると、屈んだときに見える胸の谷間や、しゃがんだときに見えそうになるスカートの中などに、どうしても目が吸い寄せられます。

あるとき、そんな母が泥酔して帰宅し、玄関で靴をはいたまま眠ってしまったことがありました。

「こんなところで寝てたら風邪ひいちゃうだろ」

グニャグニャの母を抱き起して寝室のベッドまで運んだのですが、足元にしゃがんでハイヒールを脱がしてあげているとき、自分が興奮していることに気がついて愕然としました。

母親に欲情するなんて、ありえない……。

ずっとそう思っていたはずなのに、あちこちに金のかかった母の姿は、本来であれば手の届かない高嶺の花のように見え、妙に男の本能を刺激してくるのです。

酒と化粧の匂いをプンプンさせた母を正面から抱えて運んでいる間、私はまるで痴漢のようにふるまっていました。

柔らかな胸の感触を確かめるためにわざと強く抱いたり、ずり落ちないようにと言いわけをしながら尻をグッとつかんだり、首筋に鼻をつけて甘い匂いをかいだりしたのです。

ようやくベッドに寝かせたときには、太もものつけ根までずり上がったタイトミニの奥に下着がのぞけ、思わず顔を寄せてしまっている自分にゾッとしました。にもかかわらず、落ち着かない気分のまま自室に戻ると、すぐにオナニーまでしてしまったのです。

この出来事以来、私の母を見る目は明らかにおかしくなりました。

どうかしているのではないか……そう思いつつ、繰り返し母をオナペットにしている私がいました。そして、快感が増せば増すほど、異常なことをしているという自己嫌悪の念が強くなっていきました。

怖いのは、そういう自己嫌悪や罪悪感が、自分をますます興奮させているという事実でした。

このままでは、親子として接することすらできなくなってしまう……。

真剣に悩みはじめていたとき、私はふと、子どものころに見た両親のセックスを思い出しました。

当時私は五歳、母はまだ二十代でした。

しつけの一環で一人寝をするようになったばかりの私は、たまにどうしても眠れなくなり、夜中に起き出して両親の寝室に行くことがありました。

そのおりに偶然、二人の鬼気迫るセックスを見たのです。

父にのしかかられて貫かれている母は、髪を激しく振り乱し、絶叫に近い声をあげていました。あとから思えば、私は眠れなかったのではなく、母のその声で起こされたのかもしれません。

開けっ放しになった寝室の入り口で、私は棒立ちになったまま両親の秘め事を見ていました。

二人は私にまったく気づかず、全身から熱気を放って行為に溺れていました。

下になっている母の腰がグイグイ動き、父は息を乱していました。母の両脚が父の腰に巻きついていて、まるで逃がすまいとしているようでした。

二人とも裸なのがとても不思議で、ともに汗だくで絡み合っているのがまた異様でした。

五歳の私には何をしているのかがまるでわからず、声をかけることも、近づくこともできませんでした。

呆然《ぼうぜん》と、ただ見ていたのだと思います。

やがて母が弓なりに背をそらせ、恐ろしいような声をほとばしらせました。

両手でシーツをギュッとつかみ、わななないているその姿は、苦しんでいるとしか思えないのに力に満ち溢れ、神秘的でもあり、深く、強く打たれるような感じがありました。

「神秘」という言葉はまだ知らなくとも、私には確かにそう感じられたのです。

その後も含めて合計三度、私は両親の交わる姿を目撃しました。

そして、そういうときはいっしょに寝るのをあきらめて、呆然としたまま自分の布団に戻っていました。

ちゃんとわかって、そうしたのではありません。

ただなんとなく、それが正しいような気がしていたのだと思います。

これらの記憶はすべておぼろげなものですが、もしかすると、この原体験がなんらかの影響を私に及ぼしているのかもしれない、そう思えなくもありませんでした。

もちろん、だからといって母をオナペットにしてしまう異常さが、正当化されるわけではないのですが……。

こうした日々に変化が起きたのは、先ごろ、私が職場のビンゴ大会で旅行券をもらってきたのがきっかけでした。

天然温泉が売りの某有名ホテルに一泊できるチケットで、交通費込みで二人まで使用可、ただし部屋は一室しか用意されないとのことでした。ですから私一人で行くか、あるいは誰か友人でも誘おうと思っていたのですが、母に話すと「いっしょに行こうよ」と、たちまちその気になられてしまいました。

「ツインの部屋なんだけど……」

「いいじゃない、別に。それとも、誰か誘いたい女の子でもいるの？」

あまり女性に縁のない私には返す言葉もなく、やむをえず母と連れ立つことになったのです。

旅行当日、車窓から絶景を眺められる特別急行列車に乗り込んでシートに座ると、周囲の乗客からチラチラ見られているような気がして顔が熱くなりました。

派手なミニスカートの美魔女と、垢ぬけない服装をした若い男のカップル……。

若者が背伸びをしてホステスを温泉旅行に招待したように見られているのだろうと、針のむしろに座っているようでした。

私はひたすら車窓の景色に目を向けて静かにしていましたが、母はお構いなしにはしゃいでいて、現地に着くころにはもう泥酔状態になっていました。

「そんなんで、温泉入れるのかよ……」

「平気よぉ、こんなの飲んだうちに入らないんだからぁ」

言葉つきまでホステスじみているので、肩を並べてチェックインするときなど、なまなましさが恥ずかしくて顔を上げていられないほどでした。

ようやく部屋に落ち着くと、さっそく風呂へ。屋上に露天風呂がある気持ちのいい湯で、やっとくつろいだ気分になれました。

一時間ほどつかってから部屋に戻ると、長湯をしているのか母がまだ帰っていなかったので、浴衣姿のまま少し周囲を散策しました。

観光名所と呼べるようなところはほとんどなく、土産物屋とスナック通りがある程度でしたが、温泉でスッキリしていたぶん、心のモヤモヤを忘れて羽を伸ばすことができました。

モヤモヤというのは、もちろん、母とのあれこれについてでした。

いっしょに泊まる美魔女が、ほんとうにホステスだったらいい……本音ではそう思っている私が確かにいて、電車に乗っているときから、そんな自分をおぞましく感じていたのです。

ただ、このときの悩みはまだ心の内部にとどまるもので、ある意味では私一人だけの問題にすぎませんでした。

事件が起きたのは、夕食のあと、もう一度風呂に入った母が「ちょっと探検してくるね」と部屋を出ていってから三時間ほどあとのことでした。

一人で部屋にいた私は、再び悶々《もんもん》としたものが込み上げてくるのを感じ、冷蔵庫のビールを片っ端から開けて飲みつつ、これから過ごすことになる母との夜について考えていました。

何もない……あるわけがない……あってはならない……。

あたりまえのことを頭の中でこねくり回し、酔ってきたのか目まで回ってきたときのことです。部屋のドアがガタガタ……ドンッ……と大きな音を立てたあと、外から鍵を開けられました。

顔を向けるとゆっくりとドアが開き、初老の男に抱きかかえられた母が、ほとんど目を閉じた状態で、なんとか両足で立っていました。

「うわっ、何やってんだよ！」

思わず駆け寄ると、初老の男はひどく驚いた様子で「あれ……えぇっ……お連れさん？」と、私の顔を穴の空くほど見つめてきました。

おおかた母はホテルのバーか、あるいは近くのスナックへでも飲みにいっていたのでしょう。そこでいつものように男をつかまえ、酔ったはずみで「未婚で一人旅」とでも嘘をついたのに違いありませんでした。

見ると、ここへ来るまでに何かあったのか、母の浴衣は胸元がはだけて、ノーブラの白い乳房がこぼれ出そうになっていました。

「ちょっと、母に変なことしてないでしょうね」

「む、息子さん？　い、いや……お母様がちょっと飲みすぎたようなので、部屋までお送りしただけです。あとはお任せできますか？」

私の剣幕にたじろいだ男は、大あわてで母を押しつけて出ていきました。

「おいおい、頼むよ、母さん……」

ドアが閉まると、私はグデングデンの母を抱えて途方に暮れてしまいました。そして以前にもこんなことがあったな……と思ったとき、母が私を壁に押しつけるようにして、いきなりディープキスをしてきたのです。

「ち、ちょっと……むうっ……」

母の舌が口の中に入り込み、いやらしく動いて私の舌と絡み合いました。胸に押し当てられた乳房がムニュッとゆがんで半ば飛び出し、互いの脚が交差しました。

おそらく母は、さっきの男と私をまちがえているのです。

どうしようか……迷っている間に母の手が私の浴衣の前を開けて、乳首を指先でくすぐってきました。

「うっ……」

私は声を洩らし、たちまち股間に血液が集まっていくのを感じました。気がつけば息が乱れ、硬くなったものを母の下腹部に押しつけていました。

「おい、母さん」とひと声かければよかったのかもしれません。しかし、私はそうしませんでした。

母を抱きかかえたままジリジリとベッドへ移動し、母をあおむけに横たえると、浴衣の前を大きく開いて、露《あらわ》な乳房に唇を吸いつけていったのです。

「ああっ！」

目を半開きにした母が鼻にかかった声を洩らし、私のパンツの中に手を入れてきました。そして勃起したペニスを上下にしごき、「大きい……」とうっとりしたように言いました。

私の心臓は激しく高鳴り、いまにも口から飛び出してきそうでした。

母が我に返ったらどうなるのか……それを思うと気があせり、手が震えました。その頼りない手で乳房をもみたくり、ピンととがった先端をつまみ、浴衣の帯をはずして、パンティに手をすべり込ませました。

淡い陰毛に縁取られた母のそこはトロトロに濡れ、熱くほてりきっていました。

クチュウッ……。

指を曲げると湿った音がし、第二関節までがスルリと呑み込まれました。

「ううんっ、いいっ」

母が鋭く叫んで腰を浮かせました。そうしている間も勃起はなめらかにしごき立てられていて、私は興奮と快感に押されるまま、片手で自分のパンツをズリおろしていました。

自分が何をしようとしているのか、罪の大きさをわかってはいても止められませんでした。下半身裸になった私は、母のパンティを横にずらすなり、勃起の先端をそこに当てると、一気に中へ押し入ったのです。

「あはぁっ……は、入ってる！」

廊下にまで聞こえてしまいそうな声で母が叫び、私の腰に両脚を巻きつけました。

そして、あの日、父に対してしていたように、自分で腰を振り動かしはじめました。

ズチュウッ、ズチュウッと抜き差しが始まり、私はその気持ちよさに陶然《とうぜん》となりました。

胸と胸を密着させてキスをし、舌を絡め、生の勃起にウネウネと絡みついてくる母の粘膜を味わい、いまにもはぜてしまいそうになりました。

そのとき、ほとんど閉じられていた母の目がゆっくりと開き、次いで大きく見開かれました。

私たちは、互いに腰を動かしながら見つめ合っていました。

「た……拓也!?」

母が愕然とした顔で言い、頬をひきつらせました。しかし、止まることのない快感にあらがえない様子で、すぐに「ああっ、ああっ」と切れぎれの声を洩らしはじめました。

いったいどうするのが正しいのか……私にも母にもわかっていませんでした。

わからないまま、快感を手放すことができずに腰を動かし合っていたのです。

「んあぁっ！」

母がのけぞり、私の背中に爪を立てました。こたえるように、私は腰の動きを速くしました。すべては無意識的な、反射的な、そして本能的な行動でした。

母が髪を振り乱し、「も、もっと……」と言ったのを、私は聞き逃しませんでした。わき上がってくる理性をあえて抑え込み、すかさず母の体を抱き起こすと、対面座位の格好になり、真下からズンズンと突き上げました。

「ひいいっ、ひいっ！」

互いの体を抱き締め合い、私たちは完全にひとつになっていました。

もう酒に酔ってはいませんでした。ともにすべてを理解しながら、汗だくの肌を寄せ合い、口を吸い合い、性器を摩擦し合っていました。

やがて母が「あぁ、イクッ…い、イッちゃう……」と、泣き出しそうな悲愴な表情で言いました。

「いいよ……イッていいよ」

喘ぐように言いながら、私はなおも腰を突き上げ、亀頭の先端に母の子宮を感じていました。

「イクッ……ああっ、ああっ、イクイクイクイクイクゥーッ！」

次の瞬間、母が私の腕の中でビクビクと全身をおののかせました。

しかし私は満足せず、母をベッドに横たえて一度ペニスを引き抜くと、グッタリとしたその体をうつ伏せにさせ、両手で尻を引きつけるなり、今度はバックで挿入しました。

「おおんっ……あ、あぁぁっ！」

激しく抜き差しされる私のものが、母のおびただしい愛液にまみれ、部屋の明かりにドギツく照り光っていました。

「んきいいいっ！」

母が悲鳴のような声をほとばしらせ、シーツに頬をこすりつけながら、お尻をこちらへ打ちつけてきました。

「イイッ、ああっ……イイッ！　そこ当たるうっ！」

シーツをつかむ母の背中は汗に濡れ、ときに大きく波打ちました。

「イクぅっ……またイッちゃう！」

叫ぶのと同時に膣が強く締め込まれ、私は歯を食い縛りました。そしてベチャッと前につぶれた母を、なおもしつこく責め立てました。

「なぁ、母さん……」

思ってもいなかった言葉が、私の口から洩れてきたのはそのときでした。

「もう男漁りなんかやめろよ。いざってときは、ぼくがいるからさ……」

母は答えず、シーツに顔を伏せたまま、まだ小刻みに痙攣していました。

私はそんな母におおい被さり、しばらく抜き差しを続けたあと、不意に込み上げてきた強い絶頂感に「うぅっ」とうめき声を洩らし、母の背中に精液を打ち放っていきました。

「お風呂、行ってくるね……」

母がそう言って部屋を出ていったあと、私も風呂へ行きました。戻ると母はすでに寝ていて、私は少し考えたあと、もう一つのベッドで眠りにつきました。

翌朝は非常に気まずく、しばらくは互いに目を合わせることもできませんでした。

「ごめんね、心配かけて……もうあんなことしないから……」

母がそう言ったのは、ビュッフェで朝食をとっているときでした。「あんなこと」というのが男漁りを示しているのか、近親相姦を示しているのかわかりませんでしたが、私は黙ってうなずきました。

「でも、普通の恋はしてもいいよね?」

母がうつむいたまま言いました。

これはいま誰か好きな人がいるということではなく、女として、離婚を乗り越え、前向きに生きていきたいという意思表示だと私は思いました。

「もちろん。母さんはまだまだ自信持っていい。安売りしないでじっくり探しなよ」

ホッとしながらそう返すと、とたんに目の前の霧が晴れ、心が軽くなったような気がしました。

母も同じだったらしく、このやり取りを境に、私たちはまた目を合わせて会話することができるようになりました。

あれから数カ月、母は飲み歩くのをやめ、最近は料理教室に通って、もっぱらお菓子作りに精を出しています。

笑えないハプニングはありましたが、私たちはきっといい方向に進んでいけるはずです。いまは心からそう思っていますし、私自身も、二度とあんなことをするつもりはありません。

ヨガに励む私の姿を覗く大学生の義息
セクシーポーズで誘惑するうちに……

芝田彩音　主婦　四十一歳

私はＯＬをしていた一年前に、三歳年上の男性と結婚し家庭に入りました。とはいえ、すでに四十歳でしたから、けっして若くはありません。それに私は初婚でしたが、夫には二十歳になる大学生の連れ子がいたのです。

義理の息子になった賢人《けんと》くんは、結婚当初から私とは距離を置いていました。彼はまじめな性格のとてもいい子なのですが、シャイで口数も少ないのです。家にいるときも部屋にこもってばかりで、あまり顔を合わせる機会もありません。そのため、私が気をつかって話しかけても、なかなか会話が弾まずに苦労していました。

突然知らない女が母親になったのだから、とまどう気持ちもわかります。どうにかして心を開いてもらいたいのですが、時間がかかるだろうと私は思っていました。

しかし、あることをきっかけに、彼の秘密を知ってしまったのです。

私は結婚前から、ヨガを趣味にしていました。三十歳を過ぎたころ、スタイルも気になってきたので、健康と美容の目的で始めたのです。

家に一人でいるときは、ヨガウェアに着がえて広いリビングで音楽をかけ、一時間ほどヨガに励んでいます。

私にとってはこれが最もリラックスできる時間でした。ストレスも消えて体も温まり、日課のようになっていました。

ところがある日のことでした。

いつもは夫も賢人くんもいない時間に一人でヨガをしていたのですが、その日は急に賢人くんが大学から帰宅してきたのです。

何も知らずにリビングに入ってきた彼は、私と顔を合わせて驚いていました。

「あら、おかえりなさい。今日は早かったのね」

私がそう声をかけても、彼はしばらく立ち尽くしたまま、まじまじと私の姿を見ていました。そしてそそくさと、二階にある自分の部屋へ戻ってしまったのです。

いったいどうしたのだろうと、私は不思議に思いました。いつもは返事くらいしてくれるのに、あんな態度をとられたのは初めてです。

しかしすぐに自分で気づきました。そのとき私が着ていたのは、ノーブラでタンクトップ型のヨガウェアに下は黒いレギンスだけ。誰にも見られる心配がないからと、かなり露出度の高い格好だったのです。

彼は私のそんな姿を見て、きっとドキドキしていたのではないでしょうか。あわてて二階へ逃げたのも、私に表情を見られないためだったと思います。

私は別に自分の格好を見られても気になりませんでしたし、なんならもっと見せてあげてもいいと思ったくらいです。

このことがあってから、私は習慣を変えました。彼が家にいるときにヨガをするようにしたのです。

もしかしたら私がヨガをやっている姿を、また見にくるかもしれない。

そう思ったのですが、案の定でした。私が音楽をかけてヨガを始めると、彼がたびたび二階から下りてくるようになったのです。

それもなにげないふりをして、リビングに顔を出してのぞいていったり、わざと近くを通って冷蔵庫から飲み物を取っていくのです。

バレていないと思っているようですが、私はちゃんと彼のいやらしい視線に気づいています。

なので私は、彼が近くにいるときは、わざと大胆なポーズをとってあげるのです。お尻を突き出して猫の姿勢をしたり、うつ伏せになって胸をそらして胸の谷間を見せつけてやったりもします。

それだけではありません。サービスのつもりで、ウェアもさらに大胆なものにしました。

タンクトップ型のヨガウェアは白いものにし、汗で透けるような素材です。ノーブラなので乳首の形がくっきり浮き上がるどころか、色まで透けてしまいます。レギンスも、これまでよりも小さめのものを用意しました。動くとお尻に食い込んで、お肉がはみ出してしまいそうなサイズです。

もちろん夫には、こんな衣装は一度も見せたことがありません。賢人くんだけが見ることができる、特別なものです。

しかし彼はというと、私の姿を見ても興味ないふりをして、すぐに立ち去ってしまうのです。遠慮せずに立ち止まってじっくり見ていけばいいのに、照れがあるのか、なかなかそれができないようです。

私はそんな彼の態度が、おかしくてたまりませんでした。まじめそうなふりをして、結局は年ごろの男の子なのです。

それに、私も最初のうちは、彼をからかって楽しんでいるだけでしたが、それだけでは物足りなくなりました。

というのも、彼のいやらしい視線を浴びると、なんだか私までエッチな気持ちに染まってしまうのです。

あそこがムズムズして、ヨガが終わるとショーツの内側がべっとりと濡れていることも珍しくありません。夫との夜の生活でもこんなに濡れることはありません。

そして後日、私はあることを思いつきました。

いつものようにヨガをしていると、彼が二階から下りてきました。きっとリビングに顔を出すと思い、私は待っていました。

すると、やはり彼がやってきたので、私は呼び止めてみたのです。

「ねぇ、たまには賢人くんもいっしょにヨガをやってみない？」

そんなことを言われたのは初めてだったので、彼も驚いていたようです。

「いや、いいよ……ヨガなんて興味ないから」

「そんなこと言わないで。きっと楽しいから、いっしょにやりましょうよ」

私がしつこく誘うと、とうとう彼も根負けして誘いに乗ってくれました。

もっとも、彼も内心では喜んでいたはずです。いつもは少ししか見ることができなかった私のヨガを、すぐそばでずっと眺めていられるのですから。

彼にはいったん、動きやすいようルームウェアに着替えてきてもらい、その間に私は以前使っていた、お下がりのヨガマットを用意しました。

そして、向かい合うかたちでレッスンの開始です。

まずは深呼吸をしてリラックスさせ、基本のヨガのポーズから教えました。

ところが彼は体が硬くて動きもぎこちないのです。初心者なので仕方ないとはいえ、あまり運動神経はよくないのかもしれません。

逆に私は体がやわらかいので、難しいポーズもとることができます。手本を見せるついでに、床の上で水平にまで足を開いてみせました。

「ね、見て。こんなに足が開くのよ。すごいでしょう?」

彼は「うん」とそっけない返事ですが、視線の先はレギンスをはいた私の股間でした。私がわざとそんなポーズをしているなんて、まったく気づいていないようです。

もうこの時点で、私は少し興奮していました。近くで見られていると、ふだんよりもずっとあそこが熱くなって、濡れてくるのがわかります。

さらに大胆になった私は、彼の背後にまわり、背中を密着させてヨガの姿勢をとらせました。

「ほら、もっとリラックスして。私の呼吸を感じ取って、ゆっくりと深呼吸するの。そうすれば自然といい気分になってくるのよ」

そうアドバイスをしてあげましたが、胸を押しつけられている彼は赤面して、それどころではないようです。

ふつうは、ここまで体を密着してヨガを教えるなんてことはありません。相手が男性ならなおさらです。

でも私は、あえて背中に何度も胸をこすりつけてやりました。そうやって彼のドキドキした気持ちを感じ取りながら楽しんでいました。

「あっ、ちょっと待って」

「なぁに、どうしたの？」

突然、彼が私の体から離れて前屈みになったのです。

私には彼の体に何が起こったのか、はっきりとわかりました。あまりに私が刺激を与えるので、勃起してしまったのです。

彼は恥ずかしそうに「いや、たまたまこうなっちゃったんだよ」と、苦しい言いわけをしています。

そんな彼を見ていると、さすがに私もかわいそうになってきました。

そもそもちょっとした悪ふざけのつもりだったのに、彼のプライドまで傷つけてしまったのかもしれないのです。申し訳なく思って彼に謝りました。

「ごめんなさいね。そんなつもりじゃなかったの」

「いいよ、もう。ほんとうになんでもないんだから……」

ウブな彼は、一刻も早くこの場から逃げ出したかったに違いありません。

しかし私は逆に、これはチャンスだと考えを切り替えたのです。せっかく彼も興奮しているのならと、思いきってこう誘ってみました。

「我慢できないんだったら、私と気持ちいいことする？」

私はそう言うと、着ていたヨガウェアを脱いでみせました。

彼は驚いて目を丸くしています。いきなり私が目の前で裸になりはじめたので無理もありません。

上半身裸になった私は、レギンスもショーツといっしょに脱ぎ捨てました。ほんの数秒でもうまっ裸です。

「ほら、見て。これでもまだ我慢を続けるの？」

私は彼に近づき、胸もあそこも見せつけて挑発してみせました。

スリムな体型ですが、そこそこ胸のサイズはあります。乳首はヨガウェアを着るとくっきり形が出てしまうほど大きめでした。

もともと下の毛は薄いので、ちょっと足を開けばあそこは丸見えです。

私は得意のヨガのポーズを、全裸のまま披露してみせました。なんだかいつも以上に視線を強く感じ、そのぶんだけ体も熱くなってきました。

「どう、色っぽいでしょ？　そろそろしたくなってきた？」

さすがに彼も性欲を抑えきれなくなったようでした。私が両手を開いて受け入れる姿勢をとると、すぐさま上からおおいかぶさってきたのです。

「いいの？　おれ、本気で彩音《あやね》さんのこと抱いちゃうよ」

まるで人が変わったかのように、真剣な顔で迫ってきたので驚きました。

もちろん私は、そんな積極的な彼も大歓迎です。ずっと私のことを抱きたいと思っていてくれたのなら、こんなにうれしいことはありません。

「もちろんよ。いくらでも私の体を好きにして」

その一言が興奮に火をつけたのか、荒々しく私の胸に顔を埋《うず》めてきました。

「やっ、ちょっと。そんなに……」

いきなり彼は、ものすごい強さで乳首に吸いついてきたのです。

セックスの経験は数えきれないほどありますが、これほど強引な愛撫は初めてです。

乳首が丸ごと吸い取られてしまうかと思いました。

しかしすぐに、その刺激は快感に変わりました。

「ああっ！　あんっ、もっと……いいっ！」

これが夫が相手ならば「もっと優しくして」と言っていたかもしれません。ところが彼には正反対に、さらに強い刺激を望んでしまったのです。

私の声にこたえるように、彼はさらに乳首を容赦なく責めてきます。おかげでただでさえ大きめの乳首が、ますます硬くふくらんでいました。

さらに彼の手が、私の股間に伸びてまさぐりはじめました。

「あんっ！」

指があそこに入ってきたとき、思わず声を出してしまいました。

すでに穴の中はたっぷり濡れていたのです。指が押し込まれても、痛みなど感じず最初から快感しかありませんでした。

「うわっ、奥まですごくヌルヌルしてる」

彼も私の濡れっぷりに驚いたようです。なにしろ初めてでしょうから、指を動かしてあそこの感触を確かめようとしているようです。

「んっ、ああっ……そこっ！」

根元まで入った彼の指が、あそこの奥をグリグリと突いてきます。そこはちょうど私が感じやすいツボで、あまりの気持ちよさで腰が浮いてしまいました。

「ここが感じるの?」

さらに指を何度も動かして、私の反応を観察していました。

きっと彼にとっては、ふだんから挑発的な格好を見せつけてくる義理の母親が、自分の手で感じているのが、気分がよかったのでしょう。

私はもうされるがままになっています。彼の指の動きに合わせて悶《もだ》えながら、はしたない声まであげていました。

「ああんっ、もう……そんなにされたら変になりそう」

まさかずっと年上の私が、これほどまでに弱い姿をさらけ出してしまうとは思いませんでした。

ようやく指を引き抜かれたときには、グッタリとなって大きく息をついていました。だらしなく足を開いたまま、しばらく床に横たわって動けませんでした。

「ほら、こっち見てよ」

ふと気がつくと、彼もズボンを脱いで下半身裸になっていました。

私のすぐ目の前には、ペニスが突きつけられています。まだ二十歳だけに色も初々《ういうい》しく、それでいて立派にそそり立っていました。

彼が何を求めているのかは、言われなくてもわかります。フェラチオをせがまれるよりも先に、私は口を開いてペニスを呑み込んでいました。

すっぽりと咥え込んでしまうと、彼は「おおっ」と声を出してうれしそうにしています。

さっきはたっぷりと気持ちよくしてもらえたので、そのお返しでした。唇でペニスの根元を締めつけながら、舌をつかっておしゃぶりを始めました。

もともとフェラチオは好きなほうです。男の人が悦んでいる顔を見ると、こっちまでやる気が出てくるのです。

口の中でいやらしく舌を絡みつかせます。唾液もたっぷり出しながら、顔を上下に動かしました。

「ああ、ヤバいくらい気持ちいいよ」

彼も素直に声で反応してくれるので、私も目いっぱいサービスをしてあげました。

咥えている間も、私はこれからどうやってセックスまで持ち込もうかと考えていました。もちろんそのまま抱かせてあげるのは簡単です。でもいちおうは私たちは親子ですし、まったく躊躇《ちゅうちょ》がないわけではありません。

ここが難しいところでした。まったく血のつながりはないのに、赤の他人ではないのです。これからの親子関係を考えると、ますます迷いが深くなりました。セックスをさせてあげるべきか、それともここで止めておくべきか……悩んでいると、彼がペニスを口から引き抜きました。

「もう我慢できないよ。早く入れさせてよ」

待ちきれないように、彼はそうせがんできます。

私とは違い、彼には迷いはいっさいないようでした。私が義理の母親だろうと、一人の女として見ているのです。

そんな彼の顔を見て、私も吹っ切れました。ここまできてためらうなんて、何のために今日まで彼を挑発してきたのかと、そう思い直したのです。

「うん、じゃあ、抱かせてあげる……そのかわりに、お父さんには絶対に内緒よ」

私との約束に彼もうなずいてくれました。

せっかちな彼は、すぐにでも私に挿入しようと、いきなり足を持ち上げてペニスを押しつけてきました。

私は黙ってそれを見守るだけです。好きにさせると言ったからには、彼のやり方に口出しするつもりはありませんでした。

あそこの入り口に硬いものを感じると、そのまま一気にぐり抜けてきます。

「ああっ！」

力強い挿入に、私は大きく声を出してしまいました。

私とひとつになった彼は、目を閉じて歯を食いしばっています。まるで苦しいのを我慢しているような表情でした。

しかしすぐに大きく息を吐き出すと、私の目を見ながらこうささやいてくれました。

「最高に気持ちいいよ。こんなの初めてだよ」

どうやら私の体は、彼にも相性がぴったりのようでした。そこまで悦んでいるのを知り、少し安心しました。

さっそく彼は腰を振りはじめましたが、最初からものすごい勢いでした。

ヨガのセンスには恵まれていないようでしたが、セックスのセンスは持ち合わせていたようです。

上から私の体を押さえつけながら、グイグイとペニスを突き入れてきます。優しくしようとか、ゆっくりとペースを上げていこうとか、そういうことはいっさい考えていない動きです。

「あっ、ああっ！　そんなに激しく……」

四十路の私と彼とでは、体力も違います。若い彼の前では、ただ受け身になっているしかありません。

しかしそうした彼のセックスも、次第に私は慣れて快感に呑まれていきました。

「いいっ、もっと……いっぱい奥まで突いて！」

おもちゃのように扱われながら、私は彼の腰づかいのとりこになっていったのです。

私が喘いでいると、上から彼の顔が近づいてきました。ペニスを挿入したときと同じように、無理やり口をふさいできたのです。

息苦しいほどのキスと、休まることのない腰の動きで、私の頭の中は真っ白になっていきました。体は押し潰されそうでしたが、それさえ彼の愛情表現に思えてきたのです。

「そろそろイキそうだよ、いい？」

まっすぐに私を見つめながら、彼が聞いてきます。

私には彼がペニスを抜く気がまったくないこともわかっていました。このまま私の中で射精したがっているのはまちがいありません。

私も気持ちよさに押し流されるかたちで、彼に向かってこう言いました。

「いいのよ、そのまま出しても……いっぱい私の中にちょうだい！」

その言葉が引き金になったのでしょうか。彼はますます興奮して強く腰を押しつけると、ピタリと動きを止めて「ううっ！」とうめきました。

「ああ……出して！　もっと！」

あそこの奥に広がってくる精液の感触に、私まで甘い声を出していました。

私の中に注がれているものは、まちがいなく義息の精液です。ただの男女ではなく親子という関係が、これほど私を燃えさせてくれるとは思いませんでした。

たっぷりと私を抱いた彼も、満足してくれたようです。終わると急に元に戻り、照れくさそうにしていましたが、以前のようなよそよそしさは消えていました。

いまでは、私たちはすっかり仲よし親子です。夫も私と賢人くんが親しくなったのを見て、ようやくひとつの家族になれたと安心していました。

もっとも、私が彼に感じているのは、義息への愛情ではなく男性としての魅力です。

なにしろ二人きりでいる時間さえあれば、ずっと私の体を求めてくるのですから。

ヨガをする時間さえ、彼に奪われてしまいました。

おかげで体もなまってしまいそうですが、本音ではちょっぴりうれしいのも事実です。

◉新人作品**大募集**◉

マドンナメイト編集部では、意欲あふれる新人作品を常時募集しております。採用された作品は、本人通知のうえ当文庫より出版されることになります。

【応募要項】 未発表作品に限る。四〇〇字詰原稿用紙換算で三〇〇枚以上四〇〇枚以内。必ず梗概をお書き添えのうえ、名前・住所・電話番号を明記してお送り下さい。なお、採否にかかわらず原稿は返却いたしません。また、電話でのお問い合せはご遠慮下さい。

【送付先】 〒一〇一-八四〇五 東京都千代田区神田三崎町二-一八-一一 マドンナ社編集部 新人作品募集係

衝撃《しょうげき》相姦《そうかん》告白《こくはく》 母《はは》との肉悦《にくえつ》に溺《おぼ》れた夜《よる》

二〇二一年 六 月 十 日 初版発行

編者◉素人投稿編集部【しろうととうこうへんしゅうぶ】

発行◉マドンナ社

発売◉二見書房 東京都千代田区神田三崎町二-一八-一一
電話 〇三-三五一五-二三一一(代表)
郵便振替 〇〇一七〇-四-二六三九

印刷◉株式会社堀内印刷所 製本◉株式会社村上製本所 落丁・乱丁本はお取替えいたします。定価は、カバーに表示してあります。

ISBN978-4-576-21072-8 ◉Printed in Japan ◉©マドンナ社